필 스터츠의 내면강화

LESSONS FOR LIVING

L e s s o n s   f o r   L i v i n g

필 스터츠의 내면강화

흔들리면서도 나아갈 당신을 위한 30가지 마음 훈련

필 스터츠 지음 박다솜 옮김

다산
초당

더 깊은 앎을 추구하는 사람은
스스로 그것을 창조해야 한다.
자신의 영혼에 심어주어야 한다.
그러나 공부로는 할 수 없다.
오직 삶을 통해서만 할 수 있다.

루돌프 슈타이너

당신이 쥐고 있던 열쇠

아마도 여러분은 전작을 읽었거나 넷플릭스 다큐멘터리 「스터츠: 마음을 다스리는 마스터」를 보았기에 이 책을 집어 들었을 겁니다. 어쩌다 보니 "스타들의 정신과의사"로 알려지게 됐는데, 여러분만큼이나 나 역시 이 수식이 마음에 들지 않습니다. 세간에 퍼진 오해를 바로잡으려면 이 자리에서 지난 40년간 정신과의사로서 일하면서 무엇을 터득했는지 이야기하는 게 최선일 듯합니다. 그 세월 동안 동료 심리치료사인 배리 미첼스Barry Michels와 힘을 모아 새로운 유형의 심리치료를 만들어냈지요. 우리가 개발한 심리치료는 기존의 심리치료와 결정적 차이가 있습니다. 바로 실제로 효과가 있다는 겁니다.

나는 뉴욕에서 자랐고, 뉴욕시립대학을 다녔으며, 뉴욕대학교 의대에서 의학과 정신의학을 수련했습니다. 수련을 마친 뒤에는 개업의로 일하면서 5년 동안 라이커스섬의 교도소를 오가며 수감자를 치료했지요. 그러면서 점점 의욕이 떨어졌습니다. 내가 행하는 정신의학이 내담자에게 실질적으로 도움이 되지 못한다고 느꼈습니다.

로스앤젤레스로 이사를 감행했지만, 그것을 계기로 갑자기 희망이 샘솟는 일은 일어나지 않았습니다. 더 나은 길을 찾아보겠노라는 결심만큼은 확고했으나 조언을 구할 만한 사람이 아무도 없어서 방향을 잃고 마냥 헤맸지요. 그렇게 아이디어와 답을 찾아 집요하게 사방을 들쑤시다가 미처 살펴볼 생각조차 하지 못했던 곳에서 마침내 열쇠를 발견했습니다. 그 열쇠는 나를 찾아온 내담자들이 쥐고 있었어요.

내가 먼저 정신과 진료 규정집을 내려놓고 내담자를 인간으로 존중해 준다면, 다시 말해 그들을 모종의 유전적·정신적 이상 징후의 집합체로 보지 않고 그저 한 사람의 인간으로 보아준다면, 그들은 나의 직관이 이끄는 방향이 어디든지 기꺼이 따라와 줄 의향이 있었습니다. 고맙게도 그들은 새로운 길을 개척하고자 시행착오를 반복하는 나를 전적으로 믿어주었습니다. 내담자의 응원에 힘입어 나는 마침내 이전과는 완전히 다른 심리치료 방법을 개발했습니다. 그리고 거기에 '툴스'라는 이름을 붙였지요.

툴스는 당시 시행되던 심리치료와 아주 달랐습니다. 나는 전통적인 치료법의 구조 자체가 내담자의 변화를 막는다고 느꼈기에 벽에 부딪히게 되었습니다. 당시의 심리치료에서 내담자는 더는 존재하지 않는 과거에 갇혀 있거나 아직 오지 않은, 영영 오지 않을지도 모를 환상의 미래 속에 살고 있었습니다. 그래서 나는 툴스를 활용해 현재에 깃든 무한한 지혜의 문을 내담자 앞에 활짝 열어주는 작업에 나섰지요.

툴스를 활용하는 치료에는 세 가지 특징이 있습니다.

1. 과제: 진료실 안에서 체험하는 짧은 경험만으로 한 사람

의 인생이 바뀔 수 있다는 생각은 그야말로 순진하기 이를 데 없습니다. 우리가 덧칠하기 편하도록 인생이 한자리에 멈춰서 기다려주는 일은 없어요. 인생은 끊임없이 나아가는 과정이지요. 그 과정에 진정으로 변화를 일으키고 싶다면 진료를 받지 않는 날도 매일 빠짐없이 노력해야 합니다.

2. 앞으로 나아가기: 전통적 심리치료는 내담자를 과거에 매어둡니다. 과거에 어떤 일이 일어났는지 이해하는 게 가장 중요하다고 여기지요. 그러나 툴스를 사용할 때 제일 크게 가치를 두는 건 미래를 향해 내딛는 다음 발걸음입니다.

3. 고차원적 힘: 우리는 무한한 우주에서 한낱 티끌에 불과합니다. 혼자서는 아무 일도 할 수 없지요. 우리 인류는 우주가 고요한 기적을 일으켜 불어넣은 에너지 속에서 진화해 왔어요. 고차원적 힘은 (재정 상황이 어려워지거나 누군가에게 감정을 거부당하거나 자존감이 낮아질 때처럼) 한 사람의 인생이 망가지고 있을 때 가장 뚜렷하게 느껴집니다. 살아가며 절박한 위기에 처했을 때에야 우리에게는 비로소 좁디좁았던 우주에 대한 시야를 한층 넓혀야겠다

는 의지가 생겨나지요. 고차원적 힘을 인정하지 않으면 그 힘의 도움을 받을 수 없어요. 앞으로 나아가려면 우리는 현재에서 그 힘을 느껴야 합니다. 툴스는 고차원적 힘을 우리에게 끌어올 능력을 줍니다.

배리와 나는 이 중요한 깨달음을 우리끼리만 알기에는 아깝다고 생각했어요. 그래서 『툴스』와 후속작을 썼지요. 두 권 모두 널리 읽혔고, 삶에 고차원적 힘을 쉽게 끌어올 방법을 소개함으로써 많은 독자에게 현재의 문을 열어주었습니다. 하지만 이 두 권의 책은 '실천' 방안을 알려주는 형식을 띠고 있기에 우리가 아는 툴스의 또 다른 면모는 담아낼 수 없었어요. 툴스에 담긴 개념에는 단순한 방법론으로 요약할 수 없는 전혀 다른 차원이 있지요. 그러나 그것을 어떻게 전달해야 할지 좀처럼 갈피를 잡을 수 없었습니다.

그렇게 시간이 흘렀습니다.

어느 날 사무실을 둘러보다가 책장에 1990년대와 2000년대 초반에 쓴 짧은 에세이가 한 묶음 꽂혀 있는 걸 발견했습니다. 툴스를 개발하고 나서 배리와 함께 책으로 아직 펴내지 않은 시기에 쓴 글이었지요. 그런 에세이를 썼다는 사실 자체를 까맣게 잊고 있었어요. 그렇게 세월 속에서 잃어버렸던 글이 불현듯 내 앞에 다시 나타났습니다.

그 에세이들은 시대를 앞서 정신 건강을 다루었던 한 소식지에 기고한 것이었습니다. 《진정한 삶》은 실물 종이에 인쇄되어 지역사회에 배포되었지요. 아직 인터넷이 보편화되기 전이었던 시절의 이야기입니다.

발단은 소식지의 발행인 바버라 맥널리가 건넨 제안이었습니다. 내가 하는 심리치료 작업에 흥미를 느낀 바버라는 내 생각을 칼럼에 담아보면 어떻겠느냐고 물었어요. 그리하여 우울증, 분노, 외로움과 같은 일반적인 문제를 다루는 에세이를 한 편씩 소식지에 기고하기 시작했지요. 먼 과거에 쓴 에세이를 책장에서 발견한 날, 그때의 소식지 독자들이 보내온 감상이 떠올랐습니다. 인생에 대한 조언을 제법 많이 접해본 독자들조차 내 글이 아주 색다르게 느껴졌다고 말했더랬지요.

문득 이 글을 더 폭넓은 독자 앞에 내놓아야겠다는 깨달음이 찾아왔습니다. 단순히 방법론을 넘어 툴스에 관해 독자에게 전달하고 싶은 더 광범위하고 심오한 주제를 다룬 글일뿐더러, 그 내용이 수년 전보다 오늘날 더욱 시의적절하게 느껴졌거든요.

왜 그럴까요?

그 글에서 다룬 문제들은 그 사이에 나아지기는커녕 더욱 악화했습니다. 정신과의사로서 매일 상황이 얼마나 나빠져 가는지 몸으로 느껴졌지요. 코로나19 팬데믹, 소셜미디어의 범람, 탐욕, 분열을 조장하는 정치체제의 역기능 등 이 모든 게 우리가 전보다 더 심하게 고립감을 느끼게끔 만들었습니다. 과거에는 내담자가 일단 진료실에 들어오기만 하면 적어도 자기 문제를 이야기하는 동안은 잠깐이나마 바깥세상의 문제에서 벗어날 수 있었어요. 그러나 지금은 진료에서 내담자 개인의 문제가 아닌 **세상 전체**의 문제를 주의 깊게 다루어야 합니다. 내담자 개인의 문제는 진료실 바깥에 머무르게 되고 말았어요. 오늘날에는 이것이 당연해졌지요. 이제 우리의 개인적 문제가 세상에 영향을 주지 않으며, 마찬가지로 세상의 문제도 우리에게 영향을 미치지 않는다고 믿을 수는 없게 되었습니다. 이 현상에 대해서는 이어지는 지면에서 더 상세히 설명하도록 하지요.

과거에 쓴 에세이를 살펴보면서 오늘날 달라진 세계에 어울리도록 일부를 수정했다는 사실을 짚고 넘어가야겠습니다. 솔직히 말하자면 고칠 부분은 놀랄 만큼 적었어요. 그래도 내 '삐삐'가 울렸다는 것 따위는 독자가 모르고 넘어가도 될 테지요.

고차원적 힘을 믿지 않는다면 심리치료를 받아보았자 기분은 가라앉기만 할 겁니다. 자기 내면을 들여다보는 작업이 이기적이라는 편견은 버려도 좋습니다. 자신을 스스로 고치려고 노력할 때 우리에게는 더 큰 에너지가 찾아옵니다. 그 에너지로 우리는 세상을 바꿀 수 있어요.

이 책에서 그 이유와 방법을 보여주겠습니다.

차례

1장

흔들리며 나아가는 삶

나는 언제나 지금 걷고 있는 길에 아무 확신이 들지 않더라도

당장 행동하라고 권합니다.

우리가 새로운 방향을 찾게 도와주는 건

이성적 사고 능력이 아니라 생명력 그 자체이지요.

만일 철학으로
삶을 준비했더라면

         우리 문화에서는 걸핏하면 현실의 속성을 부정합니다. 모든 게 쉬이 얻어지는 이상적인 세계, 불쾌한 경험을 하지 않아도 되는 세계, 언제든지 원할 때마다 즉각적으로 만족감을 안겨주는 세계에 살 수 있다고 사탕발림하지요. 심지어 지금 사는 세계가 그렇지 않다면 당신에게 무언가 문제가 있는 거라고 주장합니다. 그러나 그런 이상적인 세계는 망상의 영역에 속합니다. 듣기에 얼마나 그럴듯하든 실제로는 존재하지 않지요.

솔직해집시다. 우리가 지금껏 살며 실제로 경험해 온 세계는 이상적인 세계와는 한참 거리가 멀었을 겁니다. 그것이 엄연한 현실이지요. 우리가 살고 싶어 하는 이상적인 세계는 현실에 존재하지 않습니다. 요컨대 현실의 속성은 다음과 같습니다.

- 인생에는 고통과 역경이 존재합니다.
- 미래는 불확실합니다.
- 어떤 식으로든 성취를 이루려면 규율이 필요합니다.
- 우리는 특별하지 않습니다. 무엇을 하든지 삶의 이런 면모를 피할 수 없습니다.
- 위에 적은 사실은 결코 변하지 않습니다.

　인생에는 물론 사랑, 즐거움과 경이로움, 초월성과 창조성도 존재하지만 그 역시 위에 적은 다섯 가지 사실과 동떨어져서는 존재할 수 없습니다.

　그런데 우리 앞에는 매일 현실을 살아간다는 역경에서 면제된 것처럼 보이는 사람이 언제나 나타나지요. 각종 매체에서 그들을 좀 보라며 우리 눈앞에 들이밉니다. 완벽한 신체를 지니고, 걱정거리 하나 없으며, 확신에 차서 자기 인생의 길을 걸어가는 사람들. 그들에게는 사랑도 우정도 부족한 법이 없습니다. 자기 자신에 대한 불안 따위는 없지요. 마치 인생의 부정적인 면은 전부 봉인해 버린 듯이 보입니다. 그들은 특별합니다. 기업에서는 우리도 그들처럼 특별한 집단에 속할 수 있다고 꼬드기며 이런저런 상품을 판매하려 합니다. 우리는 남들 앞에서 그 특별한 집단의 일원으로 행세해야 한다는 압박에서 벗어나지 못합니다. 그런 면에서 보자면 오늘 저녁을 굶지 않을지 확신할 수 없는 가난한 꼬마와 저택 여섯 채를 소유한 백만장자는 크게 다르지 않습니다. 모두 어떤 환상이 진짜인 것처럼 행동하면 그 환상은 마치 진짜처럼 보이기 시작하지요.

하지만 환상으로 속여 넘길 수 있는 건 타인뿐입니다. 자기 삶을 들여다보면 실제 모습이 적나라하게 드러나고 말지요. 여전히 작은 위기 앞에서도 움츠러듭니다. 어떻게 결정을 내려야 할지도 모르고요. 재정적 전망은 불투명합니다. 얼굴의 주름살이 또 하나 늘었어요. 아이를 제대로 키울 시간이 없어요. 인생을 통제하지 못하고 끌려

다니는 기분이 듭니다. 자, 여기에는 아무런 문제가 없습니다. 살아 있다는 건 원래 이런 느낌이지요. 문제는 환상 속에만 존재하는 완벽한 집단이 삶을 평가하는 기준이 되어서 그들과 얼마나 비슷한지를 잣대 삼아 우리 자존감이 널뛴다는 데 있어요. 환상을 기준으로 삼은 탓에 역경에 맞닥뜨리면 일어나서는 안 될 일이 일어나고 있다고 느끼게 됩니다. 살아 있기에 겪는 자연스러운 경험 앞에서도 자신이 실패자라고 여기게 되는 것입니다.

다르게 살아갈 방법은 없을까요? 살면서 갈등과 불확실성, 실망을 경험하면서도 어떻게든 자신을 꽤 좋은 사람이라고 여기며 살 수 있을까요? 그럴 수 있습니다. 하지만 그러려면 삶의 방향을 완전히 틀어야 합니다. 그 첫걸음은 우선 인생이 과정이라는 사실을 깨닫는 것입니다. 우리가 속한 문화에서는 자꾸 우리 눈을 가려 이 사실을 잊게끔 해요. 인생을 어떻게든 완벽하게 빚고 나면 그 상태로 고정할 수 있다는 파괴적인 주장을 내놓으면서 말이지요. 우월한 사람이 살아가는 이상적인 세상은 스냅사진이나 엽서처럼, 존재하지 않는 시간 속에 박제된 찰나에 지나지 않습니다. 그러나 실제 삶은 과정이라서 깊이를 지니고 끊임없이 움직이지요. 망상은 죽어 있는 피상적인 이미지에 지나지 않습니다. 그러나 그 이미지는 우리에게 한껏 매력적으로 다가옵니다. 그 안에서는 엉망인 게 아무것도 없거든요.

한없이 끌리더라도 죽어 있는 망상보다 종종 고통스러울지언정 살아 있는 현실을 선호하도록 자신을 다시 훈련할 방법이 있을까요? 삶의 방향을 바꾸는 열쇠는 우리가 믿지 않으려고 저항하는 단순한 진실을 깨닫는 데 있습니다. 그 진실이란 인생이 사건들로 구성된다는 거예요. 살다 보면 온전히 준비할 수도 예상할 수도 없는 사건들이 일어납니다. 우리는 그중 입맛에 맞지 않은 것들은 삶에 잘못 끼어든 이물질처럼 생각하곤 하지요. 하지만 실질적으로 인생을 받아들이는 단 한 가지 방법은 삶을 구성하는 사건들을 인정하는 겁니다. 사건은 잠시도 멈추지 않고 끊임없이 일어나지요. 우주를 움직이는 힘은 우리 인생을 이루는 사건을 통해 드러납니다. 그런데 어째서 이 사실에 저항하는 걸까요? 이 사실을 인정했다가는 우리가 결코 완벽해질 수 없으며 예측할 수도 없는 세상에 내던져지게 되거든요. 다음 순간에 어떤 일이 일어날지 아무도 모른다는 사실은 경이롭고도 신비롭습니다. 그러나 이 사실은 우리에게 무엇이든 제대로 다스리지 못하는 하찮은 존재가 된 기분을 안겨주기도 하지요. 망상의 세계에서는 우리가 잇단 사건의 흐름을 넘어설 수 있다고 부추깁니다. 그렇지만 만에 하나 그럴 수 있다고 하더라도 사건에서 따로 떨어지는 건 영적인 죽음을 맞이하는 것과 다를 바 없습니다. 사건들이야말로 우리를 살아 있고 의미 있는 우주와 접촉하게 해주거든요. **운명이 사건의 연속으로 지어지는 것이라면 건강한 정신이란 곧 자기 운명을 열정적으로 받아들이는 능력일 겁니다.**

자신에게 일어나는 사건을 잘 다루는 건 좋은 부모가 되는 일과 비슷합니다. 단순히 곁에 있어주는 것만으로는 부족해요. 올바른 관점과 적당한 도구들이 필요하지요. 아무런 준비 없이 사건을 건설적으로 다룰 수는 없습니다. 그런데 준비된 사람은 아주 드뭅니다. 왜 그럴까요? 많은 사람이 사건, 특히 나쁜 사건이 자기에게 절대 일어나지 않기를 바라니까요. 그들은 이상적인 세계가 현실이라고 여기며, 따라서 자기는 마냥 안락하게 살 수 있으리라고 믿습니다. 매일 운에 기대어 살아가는 셈이지요.

철학으로써 삶에 대비하면 우리에게 닥친 부정적인 사건의 의미를 바꿀 능력이 생깁니다. 사건을 바라보는 인식을 적극적으로 바꿀 수 있게 하는 '사건의 철학'은 다음과 같습니다.

- 역경은 닥치기 마련입니다.
- 역경이 닥쳤다는 게 우리가 무엇을 잘못했다는 뜻은 아닙니다.
- 부정적인 사건에도 반드시 기회가 숨어 있습니다.
- 영적으로 성장하는 것이 좋은 결과를 얻는 것보다 중요합니다.

미래에 어떤 역경을 겪게 될지 미리 알 수는 없지만, 이러한 철학의 도움을 받는다면 오해받든 버림받든 위험에 처하든 갈등에 놓이든 상실을 겪든 그 어떤 역경이 닥쳐와도 우리가 당황하는 일은 없을 것입니다. 사건의 철학은 우리에게 한 발짝 물러설 공간을 허락합니다. 그 공간에서 우리는 우리가 겪는 사건에 이름을 붙이고, 눈앞에 바짝 들이밀어진 지엽적인 사항을 뛰어넘는 가치를 부여할 수 있습니다. 그로써 사건은 개별적인 수준에서 일반적인 수준으로 확장됩니다. 예를 들어 누군가에게 버림받는 사건을 겪었을 때 타인에게서 감정적으로 독립하는 일련의 기술을 익힐 수 있지요. 그러나 사건에 이름을 붙이지 못하는 사람은 그 안에 담긴 가치도 볼 수 없습니다. 그저 사건이 지나가기만을 바랄 뿐이며, 일단 사건이 지나가고 나면 그냥 전부 잊어버리고 말지요. 이렇게 해서는 아무것도 배울 수 없습니다. 반대로 사건에 이름을 붙인다면, 그 이름이 그저 '역경'일 따름이라도 사건에 압도되지 않고 사건을 자기 나름대로 이롭게 활용할 수 있게 됩니다.

사건에서 배우는 기술은 심리적 기술보다는 영적 기술이라 생각하는 편이 좋습니다. 그래야 우리가 삶에 찾아오는 사건을(특히 역경을) 통해 의미 있는 우주와 접촉한다는 걸 기억할 수 있어요. 이러한 영적 기술은 우리가 일상의 사건 속에서 의미를 찾음으로써 우주와 관계를 맺도록 도와줍니다.

한 가지 실험을 해볼까요? 다음에 역경이 찾아왔을 때

사건의 철학을 한번 적용해 보는 겁니다. 그리고 어떤 기분이 드는지 관찰해 보세요. 마음을 열고 주기적으로 이 실험을 해나가면 어느새 사건에 깃든 고차원적 의미를 언뜻 엿보는 경험을 하게 될 것입니다. 그렇게 모든 경험이 달라지기 시작합니다. 사건을 스승으로 삼도록 훈련한다면 실제 경험을 근본으로 삶의 철학을 세울 수 있게 되지요.

그게 인간이 삶을 살아가는 목적입니다.

그게 바로 당신에게
일어나야 하는 일입니다

●   여러 해 전에, 한때 영화계의 유망주로
꼽혔으나 이젠 젊다고는 할 수 없는 영화감독이 진료실
을 찾아왔습니다. 어느덧 30대 후반이 된 그는 여전히 '그
런지룩'이 멋지다고 여겨지던 시절 유행했던 헐렁한 옷
을 입고 머리를 어깨까지 기르고 있었어요. 그의 겉모습
만큼이나 그의 경력도 과거에 갇혀 있었습니다. 그는 작
품 구상을 발전시키며 보내기에도 시간이 부족할 매일매
일을 로스앤젤레스의 길거리를 목적 없이 운전해 다니며

사람들을 관찰하는 데 허비했습니다. 그는 거의 누구에게서나 단점을 찾을 수 있었어요. 지나가는 사람들의 차, 겉모습, 태도, 심지어는 자기 멋대로 상상한 그들의 삶에 대해 머릿속에서 혹독한 비판의 말을 늘어놓기를 일삼았습니다. 운전석에 앉아 멀찌감치 떨어진 채 사람들을 평가하는 동안 그는 자신이 평가하는 그 끔찍한 세상에서 완전히 분리되었다고 느꼈습니다. 그가 가혹하게 평가하지 않는 건 단 하나, 그 자신의 삶뿐이었습니다.

그의 삶이 순조롭게 풀리고 있었냐 하면 아니었지요. 그는 몇 년 전에 영화 한 편을 감독하고 제법 '잠재력이 있다'고 평가받았습니다. 그러나 할리우드에서 그 단계는 오래가지 못해요. 날마다 눈길을 끄는 신예가 등장하거든요. 첫 영화를 찍고 나서 그에게는 몇 건의 감독 제의가 들어왔습니다. 그러나 그는 제안받은 작품들이 자신이 찍고 싶은 위대한 작품의 기준에 부합하지 않는다며 전부 거절했어요. 그리고 자신이 제안받은 각본들을 심하게 비판했으며, 다른 감독들의 작품도 신랄하게 까 내렸습니다. 자신이 경쟁자로 여기는 감독의 경우에는 그 정도가 더 심했지요. 결과는 뻔했어요. 점차 제의가 잦아들기 시작했습니다. 친구들과 대리인들은 그에게 작품을 받으라고 설득했지만, 그는 자신의 '고결성'을 두고 타협하지 않겠노라 고집했어요. 그렇게 몇 해가 흘러갔지요. 이제 그는 더는 젊지 않았고, 세련되지도 않았습니다. 혼자만의 세계에 갇혀 남들을 평가하기를 일삼는 사람일 뿐이었지요.

진료실을 찾아왔을 때 그는 파산 상태였습니다. 목에 "밥만 먹여주면 감독하겠음"이라고 쓴 팻말을 걸고 다닐 처지라고 농담을 건네는 그는 한눈에 보아도 절박했어요. 과거에는 절대 할 수 없다고 생각했던 일마저 고려하고 있었지요. 수년 만에 처음으로 제의받은 감독직을 맡으려고 하고 있었습니다. 그가 찍게 될 영화는 그의 기준에 부합하는 '의미 있는' 명작이 아니라 10대를 겨냥한 공포영화였습니다. 그가 기회를 놓치지 않고 악담을 퍼부어 온 유형의 영화 그 자체였지요. 하지만 솔직하게 말하자면 제의가 주어진 게 행운이었고, 그도 그 사실을 잘 알고 있었어요.

"이 영화의 감독을 맡으면 내 세상은 무너지고 말 거예요." 그가 말했습니다. "그게 바로 당신에게 일어나야 하는 일입니다." 내가 답했지요. 이 남자는 꿈속에서 살고 있었어요. 자신을 특별한 세계에 속한 위대한 예술가라 여겼지요. 하지만 그를 둘러싼 현실이 그 이상을 충족할 리 없었습니다. 그것이 그가 현실을 그토록 혹독하게 비판한 이유였지요.

자신이 속한 세계를 거부하면서 그 안에서 제대로 기능할 수는 없습니다. 그 내담자는 남들에 대한 평가를 일삼다가 스스로 무능력해져서 결국은 앞으로 나아가는 것도, 모험에 나서는 것도, 심지어 결정을 내리는 것도 불가능한 지경에 이르렀어요. 누구나 이 남자와 비슷한 구석이 있습니다. 우리는 모두 매일을 편하게 살아갈 수 있는 특별한 세계에 대한 환상이 있습니다. 하지만 그 세계는 망상의 영역에나 있지요. 실제로는 존재하지 않습니다. 현실을 감당할 수 없을 때 우리는 이런 환상의 나라로 물러납니다. 그리고 그곳에 숨어 현실을 이러쿵저러쿵 평가합니다. 우리가 살아가는 현실을 가혹하게 평가하는 건 "세상을 있는 그대로 받아들이느니 차라리 꿈속에서 살아가겠어"라고 말하는 것과 같습니다. 우리가 자꾸 평가를 내리는 이유는 마음의 바탕에 깔린 공포 때문입니다. 우리는 우주를 통제할 수 없습니다. 세상을 살아가다 보면 별의별 억울한 사건이 예측불허로 일어나지요. 하지만 세상이 내 뜻대로 되지 않을 때 옮겨갈 다른 우주 같은 건 존재하지 않아요. 아이러니하게도 대부분의 사람은 현실을 비판적으로 평가하니까 자신이 현실주의자라고 생각합니다. 그러나 사실 **평가는 인생을 있는 그대로 받아들이지 못하는 무능력에서 비롯합니다.**

"의견을 가져선 안 된다는 겁니까?" 그 남자가 내게 물었습니다. 당연히 그것은 아닙니다. 세상에는 엄연히 여러 가지 좋지 않은 것들이 존재하고, 이 사실을 부정하는 건 위험하고 불건전해요. 하지만 세상 자체에 대해 평가를 한다는 것에는 그 이상의 함의가 있습니다. 그 함의란 좋지 않은 건 애초에 존재하지 않는 편이 낫다는 거예요. 세상에 무엇이 있어야 하고 무엇은 있어서는 안 되는지를 자신이 안다고 생각할 때 우리는 신으로 행세하는 것입니다. 우리의 평가가 현실의 속성을 좌우해야 하며, 우리의 생각보다 더 높은 건 없다고 말하는 것입니다. 자신이 그만큼이나 중요한 존재라고 생각하는 순간 우리는 우리보다 더 큰 것의 존재를 시야에서 놓치게 됩니다.

평가할 때 우리는 삶에서 우리 자신을 단절시킵니다. 우리가 정말로 알아야 할 것과 그것을 실천하려는 영감은 우리의 이해력을 넘어서고 우리의 사고력보다 더 큰 공간에서 나오지요. 평가할 때 우리는 고차원적 지성에서 멀어집니다. 나 역시 내 삶을 돌아보며 그 사실을 절감합니다. 내가 확신했던 많은 것이 틀렸거든요. 몇 년 전에 나는 내가 만난 어떤 사람이 나와 맞지 않는다는 사실을 '안다고' 생각했어요. 그는 이기적이고 신뢰할 수 없었으며 음해를 일삼는 성격이었지요. 나는 그를 피하려 애썼지만 그가 내 꽁무니를 따라다녔습니다. 그로부터 몇 달 후 그는 내게 누군가를 소개해 주었는데, 그 사람은 내 인생에서 가장 절친한 친구가 되었지요. 우리는 지금 겪고 있는 일의 정확한 의미를 알 수 없습니다. 하지만 당시에는 내가 '옳다'라고 확신했던 평가에 눈이 멀었었지요.

영화감독은 나보다 더 힘겹게 그 사실을 배워야 했습니다. 그의 다른 나쁜 습관으로는 자신이 예술가로 간주하지 않는 사람을 특히 호되게 비난하는 게 있었어요. 하지만 영화를 만드는 데는 대단히 큰 돈이 들며, 영화인만큼이나 사업가들의 조력 역시 중요합니다. 그와 같이 일하는 비예술가 가운데 이 감독이 특히 깔보았던 영화사임원이 한 사람 있었습니다. 감독은 그 임원이 자신의 비전을 이해하지 못한다면서 대화조차 거부했어요. 결국은 어떻게 되었을까요? 임원은 감독을 해고해 버렸어요. 나는 감독에게 임원을 찾아가 사과하고, 그와 존중에 기반한 관계를 맺으라고 강력하게 권했습니다. 그는 투덜거리며 불평했지만, 일자리를 잃지 않을 유일한 방법을 실천해야만 했어요. 그는 임원에 대한 자신의 평가를 극복하고, 그를 인간답게 대하기 시작했습니다. 그렇게 영화 작업이 마무리되자 감독 자신도 놀랄 만한 일이 일어났지요. 임원의 친구에게서 곧장 또 다른 제의가 들어온 거예요. 임원이 감독을 극찬하며 자기 친구에게 소개해 주었거든요. "그에 대해 잘못 생각한 것 같아요. 그뿐 아니라 다른 거의 모든 것에 대해서도요." 감독이 말했습니다. 이렇게 해서 그는 지혜를 향해 첫 발짝을 내딛게 되었습니다.

평가는 우리가 이미 '아는' 것입니다. 과거의 경험을 근거로 우리가 머릿속에서 품은 생각이지요. 우리가 매우 소중히 붙들고 있는 이런 생각은 우리가 '옳다'고 느끼게 하지만, 사실 그 느낌은 장난삼아 꼴찌에게 주는 상처럼 엉터리입니다. 지혜는 옳고 그른 것과는 전혀 무관합니다. 지혜는 우리 자신보다 더 높은 차원의 지성에 도움을 받아 미래를 창조해 나갈 수 있는 상태입니다. 평가는 우리가 그 상태에 이르지 못하도록 방해합니다.

고대 그리스의 철학자 소크라테스는 델포이의 신탁에서 자신이 지구에서 가장 현명한 자라는 말을 들었습니다. 그러나 소크라테스는 오래전부터 자신은 아는 게 없다고 확신하고 있었어요. 그렇다면 어떻게 소크라테스가 지상에서 가장 현명한 자가 될 수 있었을까요? 혼란에 빠진 소크라테스는 자신이 만날 수 있는 모든 현명한 자에게 질문을 던지고 그들의 지식을 시험했어요. 그렇게 여러 해를 보낸 뒤, 소크라테스는 실제로 자신이 지상에서 가장 현명한 자라는 걸 알게 되었습니다. 스스로가 아무것도 모른다는 걸 인정할 수 있는 사람은 그 자신이 유일했거든요.

자신이 옳다는 걸 포기하는 데는 큰 노력이 필요합니다. 우리의 에고는 자부심에 중독되어 있거든요. 평가하려는 그 순간 평가를 방해하세요. 한번 시도해 봅시다. 지금 다른 누군가에 대해 가혹한 평가를 내려보세요. 그 순간 우리 정신이 어떻게 매듭을 지어 나머지 세상과 우리를 차단하는지 느껴봅니다. 이제 평가를 놓아버리세요. 우리 정신이 편안해지고 마음이 열리는 걸 느껴보는 겁니다. 마음을 더 활짝 여세요. 그 안으로 밀려드는 즐거움을 느끼세요. 이렇듯 마음을 열어두고 살아갈 때 인생은 한결 나아집니다.

내게 필요한 모든 것은
행동할 때 알게 된다

1980년대 초에 웰니스 커뮤니티라는 아주 특별한 공동체가 탄생하는 걸 목격했습니다. 이 독특한 기관은 생명을 위협하는 질병에 걸린 사람에게 일절 비용을 받지 않고 심리적 지원을 제공했어요. 대부분의 위대한 것이 그러하듯이 이 공동체도 몇 사람이 방에 둘러앉아 이야기를 나누다가 시작되었습니다. 공동체의 구성원은 처음 아이디어를 발안한 해럴드 벤저민 Harold Benjamin과 암 생존자를 치료한 경험이 있는 심리치료사 다섯 사람이었어요. 50대 남성인 해럴드는 부동산 변호사로 대성공을 거두어서 현업에서 이르게 은퇴하고 그 뒤로는 선행에 전념하고 있었어요. 해럴드가 (나를 포함한) 치료사들을 불러 모아서 웰니스 커뮤니티를 어떻게 만들면 좋을지에 관해 조언을 부탁했어요. 해럴드는 긴장을 놓지 못하는 성격이었고, 때로 거칠었으며, 정식으로 심리학 교육을 받은 적은 없었습니다. 버젓한 심리치료 자격증을 갖춘 우리는 해럴드를 쉬이 낮잡아 보며 그가 품은 비전을 실현하는 게 현실적으로 얼마나 어려운지 설교했지요.

그러나 몇 주 안에 조언은 해럴드에게 우리가 받아야 한다는 게 분명해졌지요. 회의마다 좋은 아이디어가 한두 개쯤 나왔습니다. 우리 전문가들은 비판적인 태도로 '논의'하다가 막판에는 괜찮은 아이디어를 쓰레기통에 처박기 일쑤였습니다. 그렇게 또 하나의 아이디어가 파기되고 나면 방 안에는 싸늘한 침묵만이 감돌았어요. 아니나 다를까, 해럴드는 바로 그 지점에서 목소리를 내어 우리를 어리석음에서 구해주었습니다. 머뭇거리지 않고 즉시 아이디어를 실행에 옮겼지요. 그냥 수화기를 들고 누군가에게 전화를 걸었어요. 경직된 의료 사회에서 교육을 받은 나는 해럴드의 실천력에 머리를 망치로 한 대 얻어맞는 기분이었습니다. 해럴드가 수화기로 손을 뻗을 때마다 방 안의 분위기는 삽시간에 얼어붙었어요. 모두 같은 생각을 하고 있었지요. '그런 식으로 문제를 그냥 해결해 버린다고? 그럴 수는 없어.' 하지만 해럴드는 그럴 수 있었습니다. 한 번의 회의가 끝날 때마다 새로운 연사 또는 상담가가 섭외되거나 새로운 프로그램이 일정에 추가되었어요. 그렇게 웰니스 커뮤니티는 서서히 모습을 갖추어갔습니다.

나는 그 과정에서 무언가 창조되는 행위를 목격했습니다. 우리 치료사끼리는 절대 해내지 못했을 일이었어요. 우리에게는 각 단계가 '올바른' 단계라는 믿음이 필요했거든요. 우리는 행동하기 전에 먼저 확신해야 했어요. **하지만 세상의 무엇도 완벽하게 확실한 상태로 탄생할 수는 없습니다.** 창조하고자 하는 사람은 먼저 담대하게 미지의 세계로 한 발을 내디뎌야 합니다. 해럴드는 자신이 올바른 일을 하고 있는지 '알기' 전에 먼저 행동에 나설 수 있었습니다. 역동적인 사람은 누구나 이런 능력이 있지요. 그들은 행동 그 자체를 믿습니다. 필요한 정보가 머릿속 생각이 아니라 행동에서 나온다고 느끼기에 그런 믿음을 가질 수 있어요. 의지는 단순히 무언가 행동에 옮기게 하는 에너지를 넘어 지각력이기도 합니다. 그런 의미에서 나는 이것을 '의지의 지성'이라고 부릅니다. 이런 면에서 의지는 감각기관과 비슷해요.

우리 사회에서 이런 생각은 급진적으로 여겨집니다. 우리에게 지성이란 머릿속에서 펼쳐지는 메마른 사고 과정이니까요. 그러나 '앎'이라고 불리는 이것은 저차원적 형태의 지성일 뿐입니다. 고차원적 지성은 '지혜'라고 불립니다. 지혜는 우리의 머릿속에 있지 않고, 우리를 둘러싼 세상에 널리 퍼져 있지요. 행동하겠다는 의지는 우리를 이렇게 넓디넓은 지혜의 세계로 연결해 줍니다.

고대인은 우주 전체가 신들의 지성으로 촘촘하게 엮은 하나의 살아 있는 유기체라고 생각했습니다. 지금 우리가 보기에 고대인은 우리보다 아는 것이 없었던 사람들이지요. 현대를 살아가는 우리는 한 차례의 생화학적 사고가 일어났을 때 생명을 받은 생물과 그러지 못한 사물의 임의적 집합이 우주임을 '안다'고 생각합니다. 그러나 이것은 우리의 오만이며, 그 탓으로 우리는 상당한 대가를 치르고 있습니다. 미지의 대상 앞에서 겁을 집어먹고 마비되어 버렸거든요.

지혜가 우리의 바깥에 있다면, 지혜를 손에 넣는 유일한 방법은 행동하는 겁니다. 의지는 머리로 생각하는 것보다 더 현명합니다. 도넛 가게를 개업할 계획을 세우고 있다고 합시다. 초콜릿 맛 도넛과 바닐라 맛 도넛의 비율을 몇 대 몇으로 할지를 두고 고민하며 수백 시간도 보낼 수 있어요. 그러나 실제로 가게를 여는 행동을 하면 각각의 맛을 몇 개씩 만들어야 할지 1년 내내 추상적으로 생각한 것보다 더 많은 걸 단 하루 만에 알게 될 거예요. 도넛을 먹는 사람들의 세상이 우리에게 필요한 정보를 줄 겁니다.

익숙하지 않은 행동에 나서는 일은 대부분의 사람에게 원초적 두려움을 유발합니다. 두려움을 극복하려면 행동을 바라보는 새로운 관점이 필요합니다. 우리가 더 효과적으로 행동하게 만들어줄 세 가지 원칙이 있습니다.

속도

무언가를 하기로 마음먹었다면 실제 행동하기까지 걸리는 시간은 짧으면 짧을수록 더 좋습니다. 빠르게 행동하고 실패했을 때 오랫동안 꾸물거리다가 행동해서 성공했을 때보다 더 자신감이 붙습니다.

밀도

역동적인 사람은 대부분의 사람이 한 달 동안 하는 것보다 더 많은 행동을 반나절 만에 해치울 수 있습니다. 목표는 주어진 시간 동안 평소보다 많이 행동하는 것입니다. 천천히 시작하세요. 하루에 두 가지 행동을 시도하는 것으로 충분해요. 그 지점에서부터 행동을 늘려가면 됩니다.

자기 전 성찰

자러 가기 전에 10분만 할애해서 그날 한 행동과 다음 날 하고 싶은 행동을 글로 적어보세요. 글로 적으면 무엇이든 더 묵직하게 다가옵니다. 얼마나 많은 걸 했는지 자기 자신에게 거짓말할 가능성도 낮아지고요.

　이 새로운 행동의 철학을 실천하기 시작하면 우리가 하는 모든 행동의 가치를 느끼게 될 것입니다. 행동의 철학을 실천하는 게 자연스러워질 때까지 서서히 작은 단계들을 밟아나가세요. 꾸준히 실천하다 보면 쏟아져 들어오는 지혜가 우리를 다음에 해야 하는 행동으로 인도해 줍니다. 우리가 성공만큼이나 실패에서 많은 걸 배운다는 사실은 무엇을 이루고자 노력했든 결과는 중요하지 않다는 걸 뜻합니다. 오로지 행동의 과정을 계속 밟아나가는 일만이 중요합니다.
　행동의 철학은 무기력하고 활력이 부족한 사람이 겪는 근본적인 문제, 즉 동기를 찾지 못하는 문제를 해결해 줍니다. 의지의 지성은 죽어 있는 생각이 아닌 살아 있는 행동과 지혜를 연결해 주거든요. 진료실에 찾아와서 무슨 행동을 해야 할지 몰라서 좀처럼 동기가 생기지 않는다고 말하는 사람들이 있습니다. 그들은 자신에게 마법처럼 방향감각을 안겨줄 모종의 경험을 수동적으로 기다리고 있지요. 그러나 그런 일은 백날 기다려도 일어나지 않습니다. 그들은 동기에 대해 철저하게 오해하고 있습니다. 나는 언제나 그들에게 지금 걷고 있는 길에 아무 확신이 들지 않더라도 당장 행동하라고 권합니다. 이렇게 의지를 실천하면 일단 생명력이 강해집니다. 우리가 새로운 방향을 찾도록 도와주는 건 이성적 사고 능력이 아니라 생명력 그 자체예요. 생명력이 자체적인 지성이 있는 지각력이라는 생각은 우리에게 낯선 개념입니다. 하지만 한번 생각해 보세요. 대단히 생기가 넘치면서 인생의 방향감각이 부족한 사람을 살면서 본 적 있습니까?

행동의 철학을 실천하면 목표를 보는 관점 또한 달라지기 시작합니다. 우리에게 필요한 정보는 행동을 실천하는 과정에서 얻게 되므로 목표는 단지 그 과정을 자극하는 기능만 합니다. 따라서 **올바른 목표나 이성적인 목표 같은 건 존재하지 않지요.** 목표를 세울 때는 당장 활용할 수 있는 것이면 충분합니다. 모든 목표는 일시적입니다. 우리가 행동으로써 목표에 헌신할 때 생명력은 더 강해져서 우리에게 다음 목표를 세울 지성을 불어넣어 주지요.

의지의 지성이 존재함을 이해할 때 우리는 행동을 영적인 관점에서 보게 됩니다. 누구나 끊임없이 앞으로 나아가고 창조하고 싶어 하는 마음을 내면에 간직하고 있지요. 그것과 이어져 있지 않을 수도 있지만요. 그 부분이 우리 안에 존재하고 있는 불멸하는 부분이자 고차원적 자아입니다. 그 뜻을 따를 때 우리는 고차원적인 삶과 연결되어 지혜를 얻고 일시적인 실패에 일희일비하지 않게 되지요. 현대를 살아가는 우리가 영성을 추구할 때 고차원적 자아를 속세에서 등지게 하는 게 목표는 아닙니다. 오히려 그 자아를 세상에 내보여 표현하는 것이 목표지요. 행동함으로써 지혜를 얻는 건 고차원적 자아를 활성화하고 경험하는 방법입니다. 이것은 모든 사람의 인생 여정에 의미가 있다는 뜻이기도 합니다. 우리가 누구든, 어떤 길을 걸어가든, 우리가 내딛는 한 걸음 한 걸음이 그 자체로 의미가 있습니다.

나는 착한 사람인데
왜 이런 일이 일어났지

● 　　　　　　뉴욕 길거리를 돌아다니던 꼬마 시절, 나
는 항상 구타를 당할까 봐 겁이 났습니다. 몸싸움하다가
한 대만 맞아도 눈물이 핑 돌곤 했어요. 하지만 차츰 싸
움 자체를 피하는 데 능숙해졌지요. 그로부터 몇 년 후 무
술을 배우기 시작했습니다. 훈련 과정에는 스파링이 포
함되어 있었어요. 연습경기에서 상대와 맞붙어 싸우면서
나는 아무리 강펀치를 맞아도 별다른 타격을 입지 않는
다는 걸 알고 놀랐습니다. 가라테 수강생의 주먹질보다

길거리에서 마주친 누군가의 분노가 실린 주먹질에 훨씬 상처 입은 건 무엇 때문이었을까요? 싸우다가 맞는 일에 가라테 연습경기에는 없는 **감정적** 고통이 결부된 탓이었을 것입니다. 그 고통은 누군가가 **실제로 우리가 다치기를 원한다**는 충격적인 깨달음에서 옵니다. 가장 극단적인 형태로 이런 깨달음을 경험하는 사람은 처음 전투에 나간 군인일 겁니다. 총알이 날아오기 시작하면 그들은 두려움을 느끼기도 전에 충격부터 받습니다. 누군가 자신을 죽이고 싶어 한다니, 믿을 수 없을 만큼 충격적이지요. 전쟁이나 주먹다짐은 인간이 놓일 수 있는 갈등의 극단적 형태입니다. 이런 갈등에 휘말렸을 때 인생을 충만하게 살아갈 능력을 심각하게 제약하는 흔한 망상 하나가 수면 위로 떠오릅니다.

우리는 갈등이 피할 수 있는 거라고 믿고 싶어 합니다. 극단적인 신체적 갈등뿐 아니라 언어나 감정으로 공격하는 더 흔한 형태의 갈등도 피할 수 있다고 믿지요. 주위를 둘러보면 온통 갈등뿐인데 어떻게 이런 망상을 지킬 수 있는 걸까요? 우리는 공격받는 사람은 언제나 자신이 아닌 다른 사람일 거라고 믿으려 합니다. 자신에게는 특별한 선함이 있어서 보호받는다고 마음속 깊이 믿는 거예요. 그래서 누군가 자신을 공격하면 충격에 휩싸입니다. "나는 착한 사람인데 저 사람은 왜 나를 해치려 하는 거지?" 이것은 어른이 아니라 어린아이나 보일 법한 유아적인 반응입니다. 아이들은 부모와 주위 사람들이 듬뿍 쏟는 사랑 속에서 안정감을 느끼기를 원하지요. 사랑받는다고 느끼는 이상 누군가의 적의에 노출되지 않는 안전한 우주에 속해 있다고 믿습니다. 성장한다는 것의 정확한 의미는 그렇게 보호받는 세상을 떠나 많은 경우 억울하게 타인에게 공격받을 수 있는 현실로 들어가는 과정을 뜻하지요.

우리가 경험할 수 있는 가장 고통스러운 공격은 다른 사람에게 오해를 사거나 미움을 받는 겁니다. 인정받고 사랑받기를 원하는 우리의 내면에 있는 아이에게 이런 공격은 정확히 정반대의 경험을 안겨줍니다. 한밤중에 오디오를 크게 틀어둔 이웃에게 음량을 낮추어 달라고 부탁하자 어디서 참견질이냐며 욕설이 돌아옵니다. 발표하려고 자리에서 일어서자 방해꾼이 앉으라고 소리를 질러댑니다. 직장 회의에서 새로운 아이디어를 발표하자 무례한 상사가 모욕에 가까운 평가를 늘어놓습니다. 증오와 오해는 누군가 우리를 좋아하지 않는 걸 넘어 우리라는 사람을 근본적으로 오독하고 있다는 뜻입니다. 세상은 우리에게 선의가 있다는 걸 알아보지 못해요. 자신을 선함과 동일시하는 우리의 내면에 있는 아이에게 있어 선의를 부정당하는 건 그 자체로 인신공격처럼 느껴집니다.

우리 사회에 속한 사람들은 갈수록 견해를 표명하는 일을 피하고 있어요. 소셜미디어 문화가 증오와 오해를 두려워하는 마음에 불을 붙였지요. 우리가 정한 태도에 대해 과거의 어느 때보다도 빠르게 반발이 일어나니까요. 이런 상황에서 우리의 지도자들은 유권자의 심기를 거스를까 봐 두려운 나머지 어떤 사안에서도 명확한 태도를 보이지 못하는 지경까지 이르렀습니다. 설문조사에 의존해 유권자에게 듣기 좋은 말만 하는 건 좋은 지도자의 자격이라 할 수 없지요. 한편 언론매체에서는 무슨 일이 있을 때마다 온갖 소란을 떨어서 죄가 있는 자와 없는 자 둘 다를 파괴해 버리곤 합니다.

모든 사람은 자기 삶에서 태도를 분명히 하는 법을 반드시 배워야만 합니다. 그러려면 반드시 자신에게 겨누어지기 마련인 증오와 오해를 견뎌낼 수 있다는 자신감이 있어야 하지요. 대부분의 사람은 자신을 향한 공격을 대단히 개인적으로 받아들입니다. 또 그것이 얼마나 '불공정'한지 억울해하는 데서 도통 벗어나지 못해요. 하지만 그러면 고통은 더 심해질 뿐입니다. 그 대신 고통에서 더 높은 차원의 의미를 찾고, 증오와 오해를 **우리의 진정한 개인성을 발견할 기회**로 보는 방법을 배울 수 있습니다. 우리의 내면에 있는 인정받기를 갈구하는 아이는 진정한 자아가 아닙니다. 우리의 내면에 존재하는 인정받기를 원하는 부분이 남들에게 바라는 만큼 인정받지 못하는 바로 그때, 우리는 내면 더 깊은 곳에 숨어 있는, 다른 사람의 마음에 투영된 이미지로 살지 않는 또 다른 부분을 발견할 수 있습니다. 갈등에 놓이지 않으면 누구도 자신의 더 깊은 자아를 발견하지 못해요. 증오와 오해를 받는 경험은 우리의 에고를 깨뜨려서 우리가 정말로 누구인지를 발견할 수 있도록 도와줍니다.

이렇게 남들에게서 독립적인 자아를 발견해야만 우리는 진실로 어른이 됩니다. 우리 문화에서는 신체적으로 어른이 되는 것과 영적으로 진정한 어른이 되는 걸 자주 혼동하지요. 고대 세계에 살던 사람들은 이 차이를 우리보다 훨씬 잘 이해했습니다. 소년은 안전하기만을 원하는 유아적 욕구를 포기하고 성인다운 힘을 발휘하도록 장려하는 신성한 성인식을 거쳐서 부족에서 성인으로 인정받았지요. 부족 회의에 참여하려면 60세가 넘어야 했습니다. 바깥 세계에서 인정받고자 하는 미성숙한 욕구를 몰아내려면 그만큼 나이가 들어야 한다고 짐작했거든요. 나이가 지긋한 노인은 바깥 세계에서 멀어진 덕분에 진정한 자아를 찾아내는 지혜를 품고 있어 존경받았습니다.

현대에 어른이 되는 방식은 고대와는 다릅니다. 우리를 성인기로 나아가게 해주는 건 **인생 자체**입니다. 특히 우리는 오해를 사고 증오를 받는 경험을 통해 어른이 됩니다. 누군가 우리를 공격한다고 해서 반드시 우리가 무언가를 잘못한 건 아니에요. 우리는 단지 진정한 어른이 되었는지 묻는 시험에 들었을 뿐입니다. 현대적 성인식의 좋은 예를 내가 치료한 어느 사업가에게서 찾을 수 있습니다. 명석하고 야심 찬 40세의 남자였던 내담자는 혁신적인 기술을 활용한 최첨단 제품을 개발했어요. 그런데 제품을 출시하자마자 다른 회사에서 그가 자신들의 아이디어를 훔쳤다며 공개적으로 비난하고 나섰습니다. 그는 억울하게 소송을 당했고 언론에서는 그를 부정적으로 다룬 기사를 쏟아냈습니다. 자신이 독창적이고 진정성 있다고 자부하던 그의 에고는 완전히 깨부수어졌습니다. 공개적으로 망신을 당했으니 경력 역시 끝장난 거나 다름없었지요. 그는 자포자기한 심정으로 2년 동안 업계에서 거리를 두고 지냈어요. 하지만 놀랍게도 명성과 지위를 모두 잃었는데도 그냥 그대로 잘 살 수 있었습니다. 1년이 지난 뒤 또 다른 독창적인 제품을 시장에 내놓은 덕분에 과거에는 꿈도 꾸지 못했던 돈과 명성을 거머쥐게 되었지요. 큰 기업을 운영하게 되었고, 대외적으로 공정하고 온건한 지도자로 알려졌어요. 이제 그는 증오와 오해를 경험한 일이 고통스럽기는 했지만 결론적으로는 축복이었다고 여깁니다. 그런 경험을 하지 않고 쉽게 성공했다면 우쭐한 나머지 독선적인 지도자가 되었을 테고, 종국에는 불행해졌을 거라고요. 그가 새로이 권력을 얻었을 때 그는 권력을 내려놓아도 충분히 잘 살 수 있다는 걸 이미 알고 있었기에 그것을 잘 활용할 수 있었습니다.

대부분의 사람은 일상에서 소소한 증오와 오해를 연속적으로 경험하면서 어른으로서 확립해야 할 자아를 갈고 닦을 기회를 얻습니다. 영리하고 고집 센 다섯 살짜리 여자아이를 키우는 젊은 어머니가 내담자로 나를 찾아왔어요. 어머니는 불안감이 높아서 아이가 자기를 끊임없이 동경하고 인정해 주기를 원했습니다. 결과적으로 둘 사이에서는 역할의 역전이 일어나 어머니가 딸의 행동을 제한하기를 두려워하는 꼴이 되고 말았어요. 특히 취침 시간을 정하는 데 문제가 불거졌어요. 아이는 제멋대로 행동하게 놓아둘수록 짜증을 많이 냈고 과잉행동을 보였습니다. 어머니는 딸아이에게 "엄마는 날 사랑하지 않아요"라는 비난을 들으면 아이에 맞서지 못해서 그 말에 끌려다녔지요. **마침내 어머니는 자기에게 아이의 증오와 오해를 견뎌야 할 책임이 있다는 걸 깨닫고서야 부모로서 자기 역할을 다시 해내게 되었습니다.** 이것이 제대로 이루어질 때까지 아이에게는 어머니가 없는 셈이었지요. 사실 이 문제는 오늘날 얼마나 흔하게 나타나는지, 부모 중 한쪽이 아이를 훈육할 때 다른 부모가 지원해 주는 일이 아주 중요해졌어요. 그러지 않으면 가족 안에 질서가 존재할 수 없습니다. 어릴 적에 반대에 부닥쳐 본 일이 없는 아이는 어른이 되면 어떤 반대에도 버티지 못하고 무너집니다. 그렇게 영적으로 영영 미숙한 상태에 머물게 됩니다.

증오와 오해에서 기회를 보도록 자기 자신을 훈련하면 진정한 개인성이 안겨주는 혜택을 누릴 수 있습니다. 대중의 견해와 무관하게 자기 의견을 형성할 수 있지요. 공격을 받더라도 자기 생각을 표현하고 지켜낼 수도 있습니다. 이런 새로운 힘을 키움으로써 우리 안에서는 지도자의 자질이 싹틀 것입니다.

이것이 영적으로 어른이 된다는 말의 의미입니다.

세상의 모든 인정을 합친 것보다도 더 무한히 만족스러운 일이지요.

내 안에 이미 있다

⊛   수십 년 전의 어느 날, 여느 때처럼 세탁
소로 향하는 길이었습니다. 매일 지나던 거리에 웬일인
지 남녀노소 다양한 사람들이 길게 줄을 이루고 서 있었
습니다. 줄이 움직이는 속도는 달팽이처럼 느렸지만 불
평하는 이는 없었어요. 줄은 저 멀리까지 이어져 조명과
카메라가 세워진 어느 사무실 건물 입구로 향했습니다.
로스앤젤레스이니만큼 영화를 촬영하고 있고, 사람들이
단역으로 출연할 기회를 잡으려고 줄을 서 있나 보다고

짐작했습니다. 그것이 아니라면 늦여름의 뙤약볕 아래에서 수많은 인파가 이토록 인내심 있게 기다릴 이유가 뭐가 있겠나 했지요. 하지만 사무실 입구까지 걸어가 보니 사람들은 허리를 숙여 헌화하고 있었습니다. 내가 살면서 본 가장 큰 꽃 무더기가 그곳에 있었지요. 사방에 언론 매체에서 나온 사람들이 포진해 있었습니다. 그중 한 사람을 붙잡고 무슨 일인지 묻자 그는 내가 미친 사람이라도 되는 듯한 시선을 던지더니 엄숙하게 말했습니다. "이곳은 영국 영사관이에요." 그제야 길거리에서 벌어지고 있는 의식과 지난주에 세상을 떠난 다이애나 왕세자비를 연결할 수 있었지요. 사람들의 얼굴에 떠오른 침통하고 결의에 찬 표정이 단박에 이해가 갔습니다. 그 자리에 애도하러 모인 사람들은 평범한 일상보다 더 크고 의미 있는 일에 참여할 기회를 얻고자 섭씨 38도에 육박하는 더위를 견디고 있었던 것입니다.

다이애나 왕세자비가 자기 명성을 이용해 중요한 문제에 사람들이 관심을 기울이도록 한 건 분명합니다. 하지만 보통의 미국인에게 다이애나가 초월적일 만큼 중요한 인물이 된 이유를 묻는 게 그의 일생을 폄하하는 일이 되진 않겠지요. 그곳에 모인 사람들은 다이애나와 개인적 관계가 없는 건 물론이요, 국적도 달랐습니다. 그러나 어느 차원에서 보자면 다이애나는 사람들 속에 숨겨진 깊은 갈망에 답해준 존재였지요. 누구나 그러듯이 그 자리에 모인 사람들도 고차원적 힘과 연결되기를 갈망하고 있었습니다. 그들은 우리 사회의 여느 사람처럼 그 힘을 바깥 세계에서 찾고 있었습니다. 젊고, 지위가 높고, 매력적이라는 피상적인 특징 덕분에 다이애나는 사람들이 자기 갈망을 투사할 만한 확실한 대상이 되어주었어요. 이 현상에서 다이애나의 때 이른 죽음보다도 더 큰 비극을 엿볼 수 있습니다. 바깥 세계의 사람과 물건을 궁극적인 의미의 원천으로 삼는 한 우리는 실패하게끔 되어 있습니다. 우리 앞에 놓인 삶의 핵심적인 과제는, 우리가 살아가는 세상보다 더 높은 차원과 우리 자신을 연결하는 내적 경험을 빚어내는 겁니다. 그것을 신이라 부르든 흐름이라 부르든 고차원적 힘이라 부르든 간에 그 힘을 바깥이 아닌 자기 안에서 찾고자 노력해야 한다는 게 중요합니다. 그것이 자신의 진정한 개인성을 찾는 길이지요.

대부분의 사람은 자기 내면세계를 살필 줄 모릅니다. 믿음이 부족하거든요. 믿음이란 우리에게 외부 상황과 무관하게 평화와 확신을 주는 힘입니다. 장기적으로 볼 때 믿음 없이는 인생을 견디기란 어렵지요. 그런 믿음이 우리에게 부족하다는 게 가장 실감 나는 시기는 휴일이 이어지는 연말입니다. 즐비한 선물과 파티는 마치 내면의 구멍을 비웃는 것처럼 느껴지지요. 하지만 일과에서 벗어나 휴식할 수 있는 연말은 의식적으로 믿음을 키울 기회가 될 수 있습니다. 체육관에서 근육을 키울 수 있듯이 믿음을 확립하는 감각 역시 체계적으로 발달시킬 수 있어요. 하지만 그러려면 먼저 바깥 세계에 대한 집착을 내려놓아야 합니다.

믿음이란 인생에 외부 사건으로는 증명할 수 없는 고차원적 의미가 있다는 굳건한 확신입니다. 현대인의 정신은 이에 저항합니다. 우리가 지금 믿는 걸 믿는 이유는 그것이 진실이라고 '증명'하는 증거가 존재하기 때문입니다. 그런데 이런 사고방식은 과학 분야에서는 잘 통할지 몰라도 인간사에서는 그렇지 않습니다. 과학의 세기였던 지난 세기에는 인류 역사상 전례 없는 규모로 대학살과 재난이 펼쳐졌습니다. 믿음의 문제에서 증거를 요구하는 건 못을 박으려고 스크루드라이버를 사용하는 것과 같아요. 접근법이 잘못되었다는 뜻입니다. 과학자가 하는 일이 무엇인지 생각해 보세요. 과학자의 기본적인 태도는 증명될 때까지 아무것도 믿지 않는 것입니다. 과학자는 어떤 정보든 외적 증거가 존재해야만 진실로 받아들일 겁니다. 과학자의 사고 체계 자체가 의심의 체계라고 말해도 좋을 정도입니다. 우리는 이런 과학적 태도를 영적 문제에 잘못 적용한 나머지 고차원적 힘과 내면의 힘에 대해서도 증거를 요구합니다. 그렇게 우리는 의심의 체계를 활성화해서 자기 자신을 믿음이 생길 수 없는 내적 상태로 밀어 넣습니다. 그 결과가 지금 곳곳에서 보이지요. 우리는 단체로 신경증에 걸리고 불안감을 품은 채 살아가고 있습니다.

인간은 인생에서 아주 중요한 것들은 증명할 수 없다는 딜레마에 놓여 있습니다. 믿음에는 이미 매우 큰 힘이 있어서 증거는 필요하지 않습니다. 예를 들어 부모님을 사랑한다는 사실을 증명할 수는 없어요. 하지만 그냥 그렇다는 걸 압니다. 사랑은 논리나 지성과는 무관하지요.

믿음 역시 다른 유형의 지식입니다. 우리 안에 경험으로서 살아 있을 때만 존재한다는 점에서 믿음을 살아 있는 지식이라고 불러도 좋겠습니다. 믿음은 한순간에 획득하고 나면 쭉 보유하게 되는 유형의 지식과는 다릅니다. 살아 있는 지식은 모든 살아 있는 존재와도 같아서, 계속 살아 있게 하려면 끊임없는 노력이 필요하지요. 믿음이 주는 마음의 평화와 자신감을 얻으려면 믿음을 실천하는 법을 배워야 합니다. 믿음을 실천할 때 우리의 내면은 깊어지고 고차원적 자아는 성장합니다. 고차원적 자아는 우리 자신보다 훨씬 큰 힘을 경험할 수 있는 우리의 일부입니다. 고차원적 자아로 살아갈 때 우리는 그 힘을 확고히 느낍니다. 그러나 고차원적 자아는 악기처럼 꾸준히 연습하지 않으면 쓸모를 잃고 맙니다. 여기서 일상에서 살아 있는 지식을 쌓아 올릴 세 가지 기회를 소개하겠습니다.

즉각적 보상을 포기하기

한 조각의 케이크나 한 잔의 술을 거절하기 어려워하는 이유를 하나만 꼽자면, **이 선택을 당장 눈앞에 펼쳐진**

상황보다 더 큰 맥락과 연결하지 못해서 그렇습니다. 살이 찌고 싶은 건 아닙니다. 하지만 강렬한 쾌감이 눈앞에서 유혹할 때 날씬해지고 싶다는 동기는 상대적으로 약해져요. 이때 효과적으로 즉각적 보상을 포기할 유일한 방법은 포기라는 행위가 그 자체로 자기 내면에 고차원적 힘을 쌓아준다고 생각을 바꾸는 겁니다. 이는 영혼의 돼지 저금통에 동전 한 닢을 넣는 것과 비슷해요. 꾸준히 실천하면 저금통에는 영적인 힘이 제법 모일 거예요. 그쯤 되면 이제는 자신을 통제하고 다스릴 수 있다는 느낌이 들 겁니다. 즉각적 보상을 포기하는 걸 단순한 포기가 아니라 오히려 다른 무언가를 얻는 행위로 보는 법을 익히게 되지요.

자기 절제에 이렇게 다가가는 접근법의 바탕에는 모든 게 서로 연결되어 있다는 개념이 있습니다. 우리가 하는 모든 행동, 우리가 처하는 모든 상황은 하나도 빠짐없이 전체의 일부분이지요. 배우자에게 소리를 지르고 싶은 충동을 억제하는 것, 식욕을 억누르는 것, 게으름에 굴복하지 않는 것… 이것들은 전부 다 서로 연결되어 있지요. 포기를 실천할 때 우리는 그 연결을 느낍니다. 무엇 하나 중요하지 않은 게 없지요. 바로 그 연결감 덕분에 우리는 우리를 둘러싼 세상을 전과는 다른 관점으로 보게 될 것입니다. 우리 인생은 이제 서로 단절된 사건들의 혼란스러운 연속처럼 보이지 않을 겁니다.

과정을 믿기

인생의 중요한 것들은 언제나 과정의 일부로서만 얻을 수 있습니다. 창업하는 것, 책을 쓰는 것, 배우자를 사랑하는 것… 모두 작은 단계가 무한히 많이 필요합니다. 그런데 과정에 참여하는 건 누구에게나 어렵게 느껴집니다. 한 발짝을 내딛는 그 순간에는 노력이 성공이라는 결과로 이어지리라는 보장이 없으니까요. 과정을 밟아나가면서 더 노력하기 싫어 그냥 그만두고 싶은 지점을 끊임없이 마주하게 됩니다. 역설적으로 이런 어두운 순간이야말로 믿음을 키울 좋은 기회가 되어줍니다. 바깥 세계는 아무런 약속도 해주지 않고 의욕은 점점 떨어져 가는 이 순간에 앞으로 나아갈 의지를 발견할 수 있다면 그건 내면의 고차원적 힘이 작용한 덕분이지요. 그 힘이 바로 믿음입니다. 고차원적 자아는 결과에 연연하지 않아요. 단지 존재하고자 끝없는 과정에 참여할 뿐입니다.

사건에서 의미를 찾기

정신과의사 빅터 프랭클은 아우슈비츠 강제수용소에 갇혀 있는 동안 그 안에서 의사로 일하면서 수감자 중 누가 죽고 사는지를 유심히 관찰했습니다. 그리고 끝까지 살아남은 사람들에게 상상할 수 없는 역경을 견디는 힘을 준 건 바로 믿음이었다는 결론에 도달했습니다. 믿음이 강한 이들은 운명이 아무리 가혹한 사건을 들이밀어도 그 안에서 의미를 찾을 수 있었어요. 프랭클은 미래가 각 개인에게 요구하는 고유한 것이 의미라고 정의했습니다. 이런 관점에서 인생의 사건은 아무리 힘들더라도 내게 구체적으로 어떤 힘을 키우라고 요구한다고 해석됩니다. 물론 여기에는 큰 노력이 따라야 하지요. 그러나 우리에게 일어나는 모든 사건에서 고차원적 의미를 찾는 걸 책임으로 받아들일 때 당연히 우리의 믿음은 더 강해질 겁니다.

이런 실천으로 믿음이 강해진다는 외적 증거는 물론 제시할 수 없습니다. 그러나 내적 증거는 틀림없이 존재합니다. 우리는 전과 다른 사람이 될 거니까요. 살아 있음을 좀 더 생생하고 싶게 느끼는 것, 그것이 증거입니다.

다르게 살아갈 방법은 없을까요?
살면서 갈등과 불확실성, 실망을 경험하면서도
어떻게든 자신을 꽤 좋은 사람이라고 여기며 살 수 있을까요?

그럴 수 있습니다.
하지만 그러려면 삶의 방향을 완전히 틀어야 합니다.

2장

돌아갈 수 없는 길

우리는 잘 결정하면 구원받을 테고,
잘못 결정하면 인생이 대번에 망할 거라 느낍니다.
그러나 진실은, 우리가 내리는 결정이 좋든 나쁘든
인생은 계속된다는 것입니다.

당신은 결코 옳은 결정을
내릴 수 없다

수많은 허구의 인물 가운데 내 마음속에 가장 깊게 새겨진 사람은 햄릿입니다. 단순히 윌리엄 셰익스피어가 천재라서가 아니에요. 도저히 결정을 내리지 못하는 사람의 딜레마에는 매혹적인 구석이 있거든요. 햄릿이 창조되고 400년이 지난 지금, 고통에 사로잡힌 덴마크 왕자의 영혼은 우리 모두의 내면에서 살아가고 있다고 해도 과언이 아닙니다. 우유부단은 현대인의 영혼에서 두드러지는 특징이라고 말해도 좋을 정도지요. 전통이 선사하는 확신을 빼앗기고 교회, 가족, 공동체의 그늘에서 벗어난 우리는 날이 갈수록 자기 운명을 스스로 결정해야 하는 처지에 놓이고 있어요. 어떤 의미에서 이전 세대가 상상조차 할 수 없었던 수준의 자유를 누리고 있지요. 그러나 여기에는 우리 조상이 마찬가지로 상상조차 할 수 없었던 수준의 불안이 수반됩니다. 우리는 수많은 선택지를 앞에 두고 가장 작은 결정조차 내리지 못하지요. 현대 생활의 어떤 면이 우리를 이렇게까지 우유부단해지게 하는 걸까요?

그 단서를 셰익스피어의 비극에서 찾을 수 있습니다. 『햄릿』이 쓰인 건 17세기가 시작될 무렵, 바야흐로 현대 세계가 탄생하던 시기였습니다. 이성과 논리가 새로이 강조되면서 우주에 과학적으로 접근하는 관점이 태동했으며, 그 결과 산업혁명이 일어났지요. 새로운 과학적 접근법은 사람들의 심리에도 깊은 영향을 미쳤습니다. 긍정적인 면을 보자면 논리력이 발달하면서 더 높은 수준의 개인성과 해방감을 얻었습니다. 과연 이 두 가지 속성이야말로 현대인의 특질로 내세울 만하지요. 그러나 생각은 절대 확신을 낳지 못하며 본능을 단절시키므로 실질적으로는 불확실성을 증가시킵니다. 심지어 이론물리학에서도 이성적인 관찰자가 결코 무슨 일이 일어날지 예측할 수 없다고 인정하고 있어요(하이젠베르크의 불확정성 원리를 말하는 겁니다). 어떤 의미에서 햄릿은 시대를 앞서갔습니다. 걷잡을 수 없는 우유부단과 자기 회의의 상징인 햄릿이 현대인의 원형으로 등극했지요. 생각하고 판단하는 능력 탓에 햄릿은 세상에서 고립되었고, 행동하는 힘을 빼앗겼습니다. 그것이 우리가 햄릿에게 그토록 매혹되는 이유입니다. 햄릿이 직면한 딜레마는 바로 우리의 딜레마니까요.

논리의 문제는 절대적인 정답을 찾을 수 있다고 암시하는 겁니다. 하지만 당면한 사안과 관련한 모든 사실을 알 때만 정답을 얻을 수 있습니다. 안타깝게도 세상은 그렇게 돌아가지 않지요. 창업하려고 마음먹었을 때 18개월 뒤 경제 상황이 어떨지 알 수 없습니다. 아이를 캠프에 보낼 때 아이가 그곳에서 어울릴 친구들이 어떤 성격일지 알 수도 없지요. 영화관에 가는 것처럼 단순한 결정을 내릴 때조차 영화관이 얼마나 붐빌지, 가는 길에 도로가 얼마나 막힐지 알 수 없습니다. 우리가 사는 우주는 예측할 수 없고 끊임없이 변화하기에 우주를 완전히, 절대적으로 안다는 건 불가능한 일입니다. 따라서 모든 요소를 논리적으로 분석해 이성적인 결정을 내릴 수 있다는 개념은 현실의 삶에 적용되지 않아요. 역사상 가장 유명한 의사결정자인 에이브러햄 링컨은 자신이 중대한 결정을 내릴 때 필요한 모든 사실을 알고 있었던 적은 한 번도 없다고 말했습니다. 노르망디상륙작전을 지시한 아이젠하워는 자기 결정을 도무지 확신할 수 없었던 나머지 앓아누워서 하루 내내 잠을 잤습니다.

생각함으로써 '올바른' 결정을 내릴 수 있다는 믿음은 우리를 위안하지만, 그 위안은 거짓입니다. 우리가 처한 상황의 모든 면모를 파악하고 분석했다고 생각하는 건 오해입니다. 그런 일은 움직이지 않는 세계에서만 가능할 테니까요. 그러나 모든 걸 알고 올바른 결정을 내린다는 망상에는 강렬한 매력이 있지요. 만일 고정된 세계에 살고 있어서 세계를 완전히 알 수 있다면 우리가 내리는 결정은 영원히 합당하겠지요. **한 번 결정을 내리고 나면 두 번 다시 결정을 내리지 않아도 될 겁니다.** 그러면 참

좋겠지만 우리가 실제로 살아가는 세계에서는 있을 수 없는 일입니다. 영원히 옳은 결정을 내릴 수 있다는 말도 안 되는 망상은 오히려 나쁜 의사결정을 낳을 따름입니다. 우리는 우리가 내린 결정이 '옳기를' 바라고, 다시는 불확실성을 마주하지 않아도 되도록 세상이 그만 변화하고 그대로 고정되기를 바라지요. 마음속으로 그런 바람을 품고 있기에 우리는 작은 결정을 내릴 때조차 죽고 사는 문제를 앞둔 것처럼 압박에 짓눌립니다. 우리는 잘 결정하면 구원받을 테고, 잘못 결정하면 인생이 대번에 망할 거라 느낍니다. 그러나 진실은, 우리가 내리는 결정이 좋든 나쁘든 인생은 계속된다는 것입니다. 인생에서 죽음과 세금 말고도 확실한 게 있다면 살아 있는 한 계속해서 무언가를 결정해야 한다는 사실입니다. 과거에 힘겹게 결정을 내린 영역에서도 또다시 결정을 내려야 할 것입니다. 아이를 어느 학교에 보낼지 깊이 고민하다가 한 곳을 선택해서 아이가 그 학교에 선발되기를 기도했는데, 그 기도가 현실로 이루어집니다. 그런데 막상 학교에 들어간 아이는 적응하지 못해 1년 만에 그만두겠다고 하는 식이지요.

새로운 결정을 내릴 순간이 찾아옵니다. 새로운 결정을 내릴 일은 언제나 찾아오니까요.

절대적으로 올바른 결정을 내릴 수 있다는 마법적 믿음을 내려놓았다면 결정 하나하나를 긴 과정에 속하는 것으로 생각할 준비가 된 겁니다. 너무나도 훌륭한 결정을 내려서 그다음부터는 불확실성에서 면제되고 무언가를 다시 결정할 일도 없어지리라는 믿음은 이제 버려도 좋습니다. 하나하나의 결정은 살아 있는 동안 내내 이어지는 의사결정의 과정에서 그저 한 걸음일 따름입니다. 극소수의 예외를 제외하면 (그 순간에는 아무리 그렇게 보일지라도) 단 한 번의 결정이 우리를 구원하거나 망하게 하는 일은 없어요. 우리 인생에 진정한 변화를 일으키고, 심한 압박감과 회의감에서 벗어나게 해주는 건 한 번의 훌륭한 선택이 아니라 올바른 의사결정의 규칙을 배우고 그것을 우리 삶에 적용하려는 태도입니다. 우선 결정이 초래한 **결과**가 아니라 결정을 내리는 **방식**에 초점을 맞추세요. 결정을 내리는 방법이 적절했다면, 설령 그 결과가 좋지 않더라도 우리는 아래의 영역에서 더 강해질 것입니다.

상실을 견디기

결정을 내릴 때 인간은 본능적으로 상실을 회피하려고 합니다. 우리가 '올바른' 결정을 내릴 수 있다는 망상에는 우리가 사는 도시, 우리가 걷는 진로, 우리가 지지하는 정치인이 최고의 선택이라고 믿고 싶은 욕망이 담겨 있지요. 우리는 선택하지 않은 길을 깎아내림으로써 우리가 내린 선택 탓에 무언가를 잃을 수밖에 없었다는 감각으로부터 자신을 보호하려고 합니다. 그러나 사실 모든 결정은 상실을 내재하고 있어요. 결정은 본질적으로 제한적입니다. 플로리다에 산다면 콜로라도에 살 능력을 잃지요. 교사가 된다면 기술자가 될 기회는 없습니다. 어떤 영화를 본다면 그날 밤 상영하는 다른 영화는 볼 수 없습니다. 너무나 분명해 보이는 이 사실을 우리는 숱하게 잊어버립니다. 어떤 의미에서 우리가 내리는 모든 결정은 우리가 살아가는 세상을 제약합니다. 이를 피할 길은 없습니다. 그런데 다행스럽게도 이런 외적인 제약을 인정하는 감각이야말로 우리를 영적으로 더 강하게 해줍니다. 바깥 세계에 본질적으로 제한적인 성질이 있다는 걸 받아들일 때 우리의 내면세계는 활짝 열리지요. 우리는 충족감을 느끼고자 우리 밖이 아니라 우리 안을 들여다보게 됩니다. 결정은 이렇게 우리의 내적인 힘을 성장시키는 도구가 될 수 있습니다. 역설적으로 내면을 들여다보며 내린 결정이 장기적으로 볼 때 더 나은 외적 결과를 낳습니다.

하지만 결정에 뒤따른 결과가 좋지 않더라도 그것이 우리가 의사결정에 실패했다는 뜻은 아닙니다. 결정을 잘 내리는 사람은 상실을 겪게 된다는 걸 미리 알지요. 그들은 상실에서 잘 회복할 뿐 아니라 미래에 더 많은 상실을 겪게 될 걸 오히려 **기대**합니다. '옳아야' 할 필요에서 자유롭기에 그들은 선택 앞에서 덜 두려워하고 덜 마비됩니다.

명확한 가치관을 세우기

적절한 결정을 내리려면 우선 자기 가치관을 명확하게 세워야만 합니다. 우리는 언제나 알아야 할 걸 다 알지 못할 것이며 그래서 불확실성도 존재할 수밖에 없습니다. 우리는 늘 그런 상태에서 결정하고 헌신해야 합니다. 그렇기에 예부터 그래왔듯 장단점 목록을 작성하는 것만으로는 결코 충분하지 않지요. 우리가 미처 인식하지 못하는 장단점이 반드시 존재할 테니까요. 이제부터는 장단점을 나열하는 대신 주어진 상황에서 우리에게 **가장 중요한 가치**가 무엇인지 정의해 보세요. 이때 가장 중요한 가치가 반드시 도덕적 가치를 의미하지는 않습니다. 다른 무엇보다도 더 중요한 게 무엇인지 자기 자신에게 물어보세요. 가족과 가까운 곳에 사는 게 가장 중요한 가치라면 날씨가 나쁘다는 걸 알면서도 미네소타에 살기로 선택할 수 있어요. 아이들을 위해 일하는 게 가장 중요한 가치라면 근무 조건이 열악한 걸 알면서도 소아과의사가 되기로 결정할 수 있습니다. 우리에게 가장 중요한 요소는 결정을 내릴 때 다른 모든 걸 초월하는 변수가 됩니다. 그 결정이 큰 것이든 작은 것이든 마찬가지이지요. 훗날 과거에 내린 결정을 돌아보고 실수했다고 느낄 수도 있습니다. 하지만 우리가 가장 소중하게 여기는 가치가 이끄는 대로 결정을 내렸다면 그 결정으로 겪게 되는 상실에서도 가치를 찾을 수 있을 것입니다. 누구나 그러듯이 우리도 숱하게 실수를 저지를 겁니다. 하지만 결정을 내릴수록 우리에게 가장 중요한 게 무엇인지 더 잘 정의하게 될 것입니다. 그보다 귀중한 일은 없지요.

본능을 믿기

본능은 이성과는 다른 형태의 지성입니다. 본능은 갑작스럽게 우리를 찾아오며 행동으로써 표현되고 싶어 하지요. 본능을 활용하려면 무의식과 관계를 잘 맺어야 합니다. 우리를 자신의 무의식과 연결해 주는 열쇠 두 개가 있습니다. 언어를 사용하기보다 정신 속 그림에 의존하는 것, 그리고 잠자는 시간을 고차원적 정보를 열어주는 문으로 활용하는 것이지요. 어떤 결정에 직면해 있을 때 다음 기술을 시도해 보세요. 잠자리에 들기 전에 우리가 선택할 수 있는 행동을 하나 골라서 그렇게 했을 때 어떤 일이 일어날지 그림으로 떠올려 보는 겁니다. 다음으로는 반대되는 행동으로 바꾸어서 그 결과로 일어날 일을 다시 그림으로 떠올려 보세요. 그러고서는 두 그림 모두 머릿속에서 지운 뒤 잠자리에 드는 겁니다. 잠에서 깨는 순간에 정신을 바짝 차리세요. 둘 중 어떤 행동을 선택해야 할지 본능적으로 강렬하게 느껴질 것입니다. 중요한 결정을 앞두고 있을 때는 이 기술을 여러 차례 반복해야 할지도 모릅니다. 프랭클린 델러노 루스벨트Franklin Delano Roosevelt 전 미국 대통령은 결정을 내리기 전에 짧은 낮잠을 자는 것으로 유명했습니다. 이는 의식적 정신을 초월하는 힘에 도움을 청하는 기술입니다. 사실상 논리로 설명되지 않으므로 처음에는 이상하게 보일 수 있습니다. 하지만 자신을 비롯해 여러 사람이 결정하는 방식을 관찰하면 관찰할수록 우리가 선택을 내릴 때 논리의 역할이 얼마나 미미한지 깨닫게 될 겁니다. 본능에 따라 행동하기를 두려워하면 본능과 연결이 희미해집니다. 그리하여 결정 앞에서 어디로 갈지 모르게 된 우리는 햄릿처럼 우리 인생을 비극으로 만들지도 모릅니다.

우리가 쥔
가장 강력한 도구

●   부정적인 생각은 힘이 셉니다. 예를 들어, 무언가가 걱정스럽거나 세상이 우리에게 불공정하다고 느껴질 때가 있습니다. 처음에는 이성적인 우려처럼 느껴지지만 고작 몇 분 만에 생각은 고삐를 풀고 내달리기 시작합니다. 그 안에 깃든 어두운 생명력이 우리를 마구 뒤흔들거든요. "일자리에서 잘릴 게 분명해. 가난의 나락으로 떨어지게 될 거야. 나를 고용해 줄 사람은 없어." 그렇게 강박이 빚어낸 세상 속에서 길을 잃어버립니다.

이런 생각은 우리를 하루 내내 쫓아다니며 괴롭히고 새벽 5시에 잠에서 깨웁니다. 참을 수 없을 정도로 고통스럽고 멈추기는 거의 불가능해요. 정신이 갈기갈기 찢어지지요. 가게에서 구매한 가전제품이 이렇게 엉망으로 작동한다면 환불을 요구할 겁니다. 그러나 뇌를 환불해주는 정책은 없지요.

잠깐 한 발짝만 뒤로 물러나서 부정적인 생각의 특성을 찬찬히 살펴보세요.

부정적인 생각은 역동적입니다. 의식 속에서 건강한 생각은 죄다 쫓아내고 그 자리를 차지하려 하는 힘이거든요.

부정적인 생각은 비이성적입니다. 한창 그 생각에 빠져 있을 때는 현실적으로 보이지만, 돌이켜 보면 거의 언제나 과장되어 있거나 현실성이 부족하지요.

부정적인 생각은 습관입니다. 여느 습관이 그러하듯 부정적인 생각도 반복할수록 강해지고 멈추기가 어려워지지요.

하지만 이러니저러니 해도 그 생각을 하는 건 **우리** 정신입니다. 그렇지 않은가요?

그렇다면 부정적인 생각을 통제하기가 이토록 힘든 건 무엇 때문일까요?

답은 이러합니다. 부정적인 생각은 내면의 적이 표현된 것이며, 그 적을 인식하기 전까지 우리에게는 그것을 무찌를 힘이 없습니다. 우리 정신을 바이러스가 침투한 컴퓨터로 생각해도 좋아요. 바이러스는 발견되기 전까지 컴퓨터 안의 다른 모든 걸 차근차근 파괴해 나갈 겁니다.

나는 이 내면의 적을 'X영역'이라고 부릅니다. X영역은 우리 정신의 일부이지만 제 나름의 의도를 품고 있지요.

내면의 악마라고 불러도 좋을 X영역은 우리가 현실을 있는 그대로 경험하지 못하도록 기를 쓰고 막습니다. 그것이 숨기려 하는 진실은 모든 게 언제나 움직인다는 겁니다. 심지어 우주를 바라보는 가장 물질주의적인 관점인 이론물리학에서도 모든 게 움직인다는 사실을 받아들였어요. 매 순간, 바로 이 순간에도 우리는 움직이는 세상을 떠다니지요. 좋은 소식입니다. 모든 것의 근본인 움직임은 우주를 하나의 커다랗고 역동적인 유기체가 되게 만들어 끊임없이 새롭고 놀라운 걸 생산하게끔 합니다.

이러한 끝없는 창조성 덕분에 우주는 그 자체로서 긍정적이며 너그러운 곳이 되지요.

우주의 무한하고 살아 있는 속성을 X영역은 끔찍이 싫어해요. 부정적인 힘인 X영역은 다른 걸 바랍니다. 어떤 대가를 치르더라도 그것을 갖고 싶어 하지요. **X영역은 특별해지기를 바랍니다.** 그러나 끝없이 움직이는 우주라는 전체의 부분인 이상, 어느 한 개체가 특별해질 기회는 주어지지 않아요. 우주 안에서 발생하는 모든 일이 그 우주 전체의 산물이니까요. 좋은 일이 생길 수도 있고 성공할 수도 있지만, 그 일은 혼자서 일으킨 게 아닙니다. 모든 것이 이어진 우주에서 개인은 한 부분에 불과해요. 혼자서는 아무것도 할 수 없지요. 그런데 특별해지려면 "나 혼자서 이루었다"라는 감각이 필요합니다. 특별하다는 건 곧 체계의 한 부분이 아니며 부정적인 우주를 혼자 힘으로 극복할 수 있다는 의미입니다. 그러니 끊임없이 움직이고 끊임없이 창조하며 모든 걸 연결하는 우주의 힘은 바로 우리가 '특별해질 기회'를 박탈하고 있지요.

X영역은 끊임없이 움직이는 전체에 대항해 대단히 강력한 무기를 휘두릅니다. 그 무기란 바로 우리 자신의 생

각입니다. X영역은 부정적인 생각을 일으킵니다. 그것도 아주 강렬하고 고집스러운 생각을 말이에요. 우리가 그 생각에 집착하며 정작 현실 세계의 경험은 죄다 흘려보내게끔 하지요. X영역이 불러일으킨 생각에 사로잡혀 우리는 진짜 세계가 아니라 X가 알려주는 세계에만 반응하게 됩니다. 그렇게 영적으로 눈이 가려진 끝에 완전히 외톨이가 되지요. 쉼 없이 창조하며 무한히 펼쳐진 진정한 우주를 경험하는 건 긍정적인 일입니다. 하지만 부정적인 생각에 사로잡혀 있을 때는 살아 있는 우주의 완전함에서 비롯한 긍정적 감정을 경험할 수 없게 됩니다. 우주가 존재한다는 걸 느끼지 못하게 되거든요. X영역이 우리의 도움을 받아 현실을 박살 내버린 겁니다.

부정적인 생각은 쉽게 습관이 됩니다. 부정적 생각과 시간을 보내다 보면 어느새 그것이 친숙해지니까요. 제일 먼저 우리 자신을 부정성과 동일시하기 시작합니다. 걱정을 달고 사는 사람을 예로 들어보겠습니다. "나는 망했어"라는 생각이 들 때 그는 이 경험이 괴로운 만큼이나 익숙할 것입니다. 지금 걱정하고 있거든요. 그에게 이 감정은 고향과 같이 친숙합니다. 내면의 X는 그에게 말합니다. "이게 진짜 너니까, 싸울 생각은 말아." 그래서 그는 어지간해서는 걱정에 맞서지 않습니다.

내면의 악마를 통제하려면 부정적인 생각의 힘보다 더 강한 힘을 우리 영혼 안에서 찾아내야 해요. 우리에게는 그런 힘이 있습니다. 그 힘의 이름은 감사입니다. 감사는 눈앞에서 경험하는 현실을 관찰하고 인정하는 것에서부터 시작합니다. 그리하여 머릿속의 부정적인 생각을 실제로 일어나는 일에 관한 생각으로 대체하지요. 우리 인생에서 확실하고 현실적인 부분을 짚어내고, 그것들이 끊임없이 움직이는 전체의 산물이라는 사실을 넌지시 알려주지요. 감사는 우리가 긍정적이고 관대한 영적인 힘 안에서 현재 존재하고 있다는 감각을 신체적으로 느끼게 해주며, 그럼으로써 우리가 고립된 개체가 아니라 거대한 체계의 한 부분이라는 걸 일깨워 줍니다.

감사는 아직 일어나지 않은 사건에 (그 사건이 일어나길 바라며) 초점을 맞추는, 이른바 "긍정적인 생각"과는 다릅니다. 잘 살펴보면 긍정적인 생각은 본질적으로 현실에 뿌리내리고 있지 않습니다. 생각해 보세요. 깊은 고민에 빠져 있을 때 행복한 미래를 떠올리며 걱정을 떨칠 수 있었던 적이 한 번이라도 있었나요? 아마 없었을 것입니다. 우리 모두에게 필요한 건 부정성이 우리 눈앞에 드리운 베일을 걷어내고, 바로 이 순간에도 끊임없이 움직이는 전체의 힘에 연결되는 겁니다. 감사하다는 생각은 습관으로 들이는 게 좋습니다. 우리 정신 속에서 흐르는 감사하다는 생각이 부정적인 생각에 맞서는 방어 도구가될 테니까요.

감사를 습관으로 삼으려면 이런 방법을 시도해 보세요. 30초 동안 감사할 일에 대해 생각해 보는 겁니다. 거창한 것도 좋지만 당연하게 여기고 그냥 지나가 버리는 일상적인 것에 주의를 기울이세요. "앞을 볼 수 있음에 감사합니다. 아이들이 건강해서 감사합니다. 오늘 차에 시동이 걸려서 감사합니다. 아침을 먹을 돈이 있어서 감사합니다. 온수가 나오는 것에 감사합니다. 민주주의사회에 사는 것에 감사합니다." 새롭게 감사할 거리를 가능한한 많이 생각해 보는 겁니다. 그러면 영 운수가 나쁘다 싶은 날에도 긍정적인 일이 한없이 많이 일어난다는 사실을 깨닫게 되지요. 이 모든 것은 하나하나가 살아 있는 세상이 우리에게 준 것입니다. 그것은 언제나 거기에 존재하며, 언제나 움직이고 창조합니다. 그리고 언제나 X영역보다 더 강하지요.

이 도구는 우리 정신에 다르게 작동하는 방법을 가르쳐주기 때문에 강력합니다. 의식적인 감사는 우리 정신을 우주 자체의 근본적인 움직임과 유사한, 매우 창조적인 상태로 만들어놓습니다.

감사하고 싶은 생각이 차오르면, 그 생각을 불러일으킨 자기 내면의 에너지에 주의를 기울여 보세요. 차츰 주변과 하나 된 기분이 느껴지기 시작하고, 스스로 내 마음을 통제할 수 있다는 새로운 자신감이 샘솟을 것입니다. 그렇게 감사로써 부정적인 생각을 녹여 없애버려요. 이런 과정을 거치면 자신도 알아차리지 못하는 사이에 기도할 준비가 되어 있을 것입니다. 기도가 어떤 특정한 형태를 취해야 하는 건 아닙니다. 심지어 종교와 관련이 있어야 하는 것도 아니지요. 기도는 평소의 신앙이나 믿음과는 무관하게 자기 정신이 그 너머 저 멀리까지 나아가

도록 함으로써 고차원적인 힘과 자신을 연결해 주는 다
리가 되어줄 것입니다.

고통이 나에게
알려주는 것

"하늘이 무너진다! 하늘이 무너진다!" 영국 전래동화 『치킨 리틀Chicken Little』에 등장하는 꼬마 닭 '치킨 리틀'은 이렇게 외치고 다니면서 온 마을을 대혼란으로 몰고갑니다. 동화 속에서 하늘은 무너지지 않았어요. 그런데 지금 우리 '하늘'은 어떨까요? 혹시 우리의 하늘이 정말로 무너지고 있는 건 아닐까요? 상징적 의미에서 우리 하늘은 사회안전망입니다. 몇 가지만 예를 들어보면 건강보험, 학문 기관, 모든 층위의 정치, 금융 기관,

군대, 사법 체계처럼 우리가 안정적으로 생활하고자 의존하고 보호받는 제도가 전부 하늘에 해당하지요.

인류는 지금까지 광범위한 안전망을 구축해 왔습니다. 안전망이 무너진다면 두려워하지 않고 일하고 살아갈 수 없게 될 겁니다. 안타깝게도 오늘날은 정말로 안전망이 무너지고 있는 것 같습니다. 우리 공동체의 정신 건강이 그 지표가 될 수 있다면, 경종이 울리기 시작한 지는 이미 꽤 오래되었지요. 경각심을 일으킬 만큼 많은 양의 항불안제가 처방되고 있으나 그 효과는 없다시피 합니다. 밤에 숙면을 취하는 사람이 드물 정도입니다. 이런 불면은 할머니 세대가 겪은 불면과는 다릅니다. 우리 시대는 전혀 새로운 증상을 겪고 있습니다.

눈에 보이지 않아도 모두 느끼고 있습니다. 무언가 끔찍이 잘못되었어요. 우리가 볼 수 있는 건 온 세상이 겪는 고통에 따르는 분노와 혼란뿐입니다. 이때 우리는 자연스럽게 우리를 파괴하겠노라 작정한 어떤 악당과 싸우고 있다고 생각하게 되지요. 우리가 쉽게 떠올리는 적은 '다스베이더'와 같은 이미지입니다. 하지만 진짜 적은 그보다도 훨씬 위험한 사람입니다. 바로 우리 자신이지요.

우리 안의 또 다른 우리는 다른 어떤 것보다도 막기 어려운 무기를 휘두릅니다. 그 무기의 이름은 불만족이지요. 오늘날 우리는 불만족이 만성이 된 세상에서 살고 있습니다. 더는 만족하는 법을 알지 못하니까요.

아무도 자신이 가진 것에 만족하지 않는 사회에는 조화가 존재하지 않으며, 마음의 평화도 존재할 수 없습니다. 그런 사회에 남는 건 경쟁심과 편집증뿐이지요. 원하는 걸 전부 손에 넣지 못해서 분한 마음이 든다면 다른 사람들이 정당한 자기 몫보다 더 많이 챙겨서 그렇게 되었다는 결론에 이르기 쉽습니다.

다행히 우리의 적은 우리라는 사람의 일부에 불과합니다. 앞 장에서 설명했듯 그의 이름은 X영역입니다.

X영역은 단순히 개념적인 존재가 아니라 우리에게 실질적으로 힘을 행사하는 주체입니다. 집요하게 우리의 잠재력을 파괴하려 애쓰며 포기하는 법이 없지요. X영역이 활동에 나섰을 때 이를 즉시 알아볼 수 있으면 큰 도움이 됩니다.

X영역이 깨어난 것을 알아차리는 방법은 네 가지입니다.

발전이 없습니다Primitive: 진화하려면 움직임이 필요합니다. X영역은 우리를 편안하고 친숙한 상태에 머무르게 해요. 그러면 기분은 좋을지 몰라도 앞으로 나아갈 수는 없지요. 반복적인 생각이나 행동에 갇혀버리니까요.

마법적 보상을 바랍니다Reward: X영역은 목표를 달성하면 마법처럼 충족감이 밀려올 거라고 주장합니다. 새빨간 거짓말입니다. 많은 사람이 이른바 성공을 거뒀으면서도 마음 깊이 불행해합니다. 피상적인 목표를 달성했을 때야 만족할 거라는 약속이 거짓부렁이었다는 걸 깨닫게 되지요.

상처에 매달립니다Injuries: X영역은 우리에게 온 세상이 우리의 적이라는 감각을 불어넣은 다음 그 감각을 유지시킵니다. 그러면 우리는 인생이 불공평하다고 믿고, 그 믿음을 증명하려 살아가면서 여기저기서 받은 상처를 잊지 않고 한데 모아두지요.

반드시 하라고 강요합니다Must: X영역은 충동적인 반응을 재촉하는 에너지를 만들어냅니다. 무언가를 꼭 해야 하며 거역할 수는 없다고 느끼게끔 합니다. 심지어 그 일이 우리에게 좋지 않은 일일 때조차도 말이에요.

간단히 말해 X영역은 우리에게 실제로 있지도 않은 문제를 날조하고, 해결책이랍시고 오히려 문제를 더 악화할 따름인 방책을 제시합니다. 경력, 인간관계, 개인적 목표까지 인생의 어떤 분야에서든 X영역은 우리가 행복을 느끼지 못하도록 막는 데 전념합니다.

하지만 여기에는 역설이 존재합니다. 성장하려면 먼저 극복할 문제가 필요하지요. X영역이 우리 힘을 앗아가더라도 우리가 X영역에 어떻게 대처하는지에 따라서 미래에 궁극적으로 성공할 수 있을지가 결정됩니다.

우주는 매우 현명하며 사건을 통해 우리에게 말을 겁니다. 보통 살아가면서 뜻밖의 불쾌하거나 불행한 상황에 맞닥뜨렸을 때 우리는 그 상황을 바꾸거나 피할 수는 없어요. 그 상황을 이겨내기 위해 할 수 있는 일은 나의 사고방식을 바꾸는 것뿐입니다. 인생을 살아가다가 문제를 마주치는 순간 우리는 정확히 어느 부분에 노력을 쏟아야 하는지 알게 되지요.

그런데 가끔은 개인의 수준을 넘어서는 문제가 발생하기도 합니다. 우주가 모든 사람에게 영향을 미치는 거대한 사건을 보낼 때가 그렇지요. 바로 그때야말로 우리 사회 전체의 진화를 촉진할 기회입니다. 예컨대 전 세계 사람이 감염되는 팬데믹이 퍼지고, 금융위기가 연달아 일어나고, 잘못된 정보가 확산되고, 정치 체계에서 극단주의가 부상하는 등 최근에 일어난 사건이 그렇습니다. 이런 난관은 우리가 고차원적 힘과 맺은 관계를 진척시키고, 잠재력을 계발하고, 모두 힘을 모아 X영역과 맞서 싸울 기회가 됩니다.

우리 안의 X영역에 똑바로 맞설 때 앞으로도 우리가 성장하게 도와줄 진정한 가르침과 보상을 얻게 됩니다. 이러한 기술을 습득하면 싸울 여지가 생깁니다. 우리가 개인적 문제와 사회적 문제에 맞서는 방식은 알고 보면 자기 안의 X영역에 맞서는 방식과 정확히 동일합니다.

X영역과 맞서 싸우는 것, 그것이야말로 진정한 만족을 얻는 유일한 길입니다.

이 말에도
화가 날지 모르지만

우리는 분노가 넘실대는 세상에 삽니다. 운전하고, 라디오를 듣고, 쇼핑을 가는 등 일상을 영위하면서 아마도 높은 확률로 머리끝까지 화가 난 사람을 한 명은 마주치게 될 거예요. 운전을 개떡같이 한다며 누군가 우리에게 소리를 지릅니다. 우리는 '버튼'이 눌리고, 즉각 상대를 향해 마주 소리칩니다. 이 모든 일이 눈 깜짝할 사이에 일어나요. 다들 고개를 내밀 기회만 엿보는 야만적인 짐승을 내면에 숨기고 살아가는 것 같지요. 한바탕 분노를 쏟아내고 나면 그 일은 그 순간이 지난 뒤에도 우리 정신 안에 머뭅니다. 우리는 화를 낸 상대에 대해 혼자 구시렁대지요. 툭하면 발끈하는 사람이 우리가 아니라 우리 주위의 사람들이라고 생각하는 편이 더 편하니까요. 내가 화가 났다고 생각하면 훨씬 덜 유쾌하지요. 하지만 우리를 향해 가운뎃손가락을 들어 보인 그 못된 운전자는 아마 인정하고 싶지 않을 만큼 우리와 닮았을 겁니다. 세상의 분노를 해결하고 싶으면 나 자신에게서 시작해야 한다는 말을 들어 보았겠지요. 그 말을 듣고 또 화가 났을지도 모르겠습니다.

분노가 담긴 상호작용은 대부분 성찰 없이 일어납니다. 우리는 분명히 감정을 느끼고 표현하지만 실제로 무슨 일이 일어났는지를 올바른 관점에서 이해하는 사람은 드물지요. 대부분은 분노가 우리 삶에서 정확히 무엇을 의미하는지 전혀 모르고 살아갑니다. 우리에게는 분노를 다루는 원칙이 없습니다. 분노의 목적을 알아차리게 도와줄 일련의 도구도 없고요. 이런 원칙이나 도구가 없으면 똑같은 경험을 몇 번이고 반복하면서 피해의식을 안고 절망에 빠진 채 배회할 숙명에 처합니다. 분노는 강력한 힘이지요. 우리 내면의 가장 원초적인 부분을 드러내기에 우리는 우리 삶에 분노의 자리도 있다고 생각하기를 꺼립니다. 강렬한 감정이 으레 그러하듯 분노는 너무 막강하기에, 건설적으로 다루려면 정확한 관점과 미리 준비한 계획이 필요합니다.

먼저 분노가 잠재하고 있는 긍정적인 부분을 찾을 수 있어야 합니다. 한 가지 놀라운 사실은, 분통을 터뜨리게 하는 사건이 일어나고 나서 시간이 조금만 흘러도 애초에 분노를 유발한 문제가 하찮게 보인다는 것입니다. 마치 표출되기만을 갈구하는 어떤 숨겨진 힘을 마구 풀어놓을 핑계가 필요했던 모양새이지요. 그 숨겨진 힘이 분노의 진정한 속성입니다. 우리 문화에서는 이 힘을 오해하고 있어요. 놀랍게도 이 힘이 갈망하는 건 개인성입니다. 실제로 분노는 자아가 처음으로 고개를 드는 방식이지요. 두 살짜리 아이의 행동을 생각해 보세요. 이 나이의 아이는 부모한테서 분리해 나오면서 자기 개인성을 지각하기 시작합니다. 그러려면 아이는 어떤 방법을 택할까요? 어마어마한 부정성과 분노를 표출하게 됩니다. 이런 감정에 깃든 힘은 아이가 스스로 부모에게서 분리되었다고 선언할 수 있게 돕지요. 분노는 자아의 독립으로 향하는 긍정적인 첫걸음입니다.

날것의 분노를 터뜨려서 자아를 확립하는 건 아이에게는 효용이 있으나 어른에게는 부적합합니다. 어른은 분노의 속성을 바꾸어 분노가 우리 삶에서 긍정적인 역할을 하게 만드는 방법을 배워야 합니다. 하지만 보통 이런 길을 택하지 않고 분노가 마음속에서 끓도록 내버려둡니다. 여러 해 전에 어떤 남자와 일회성으로 심리치료를 진행했는데, 그는 평생 만나본 사람 가운데 가장 화가 많았습니다. 겉보기에는 차분했지만 내면을 들여다보면 그 안에서 고삐 풀린 질투와 분노가 들끓고 있었지요. 작가로 잘 풀리지 않은 데서 느끼는 좌절이 그 원인이었습니다. 그로부터 10년 후 신문에서 그가 45세의 나이에 암이 퍼져 세상을 떠났다는 부고를 읽었습니다. 우리는 분노에 잡아먹히지 않고 분노를 건설적으로 탈바꿈시키는 방법을 배울 수 있습니다. 그러기에 앞서 지금처럼 분노를 놓지 못하는 이유를 이해해야 합니다.

어른의 분노는 대부분 외부 사건에 대한 반응으로 일

어납니다. 구체적인 원인이야 제각기 다르겠지만 분노는 바깥 세계가 우리를 정당하게 대우하지 않는다는 감각에 반응합니다. 위에서 언급한 작가는 세상이 작가로서 자기 능력을 인정해 주지 않는다고 느꼈습니다. 또래가 자기를 보는 시선이 마음에 들지 않는 10대와 다를 바 없는 마음이지요. 분노는 말합니다. "세상은 불공평해. 나는 마땅한 대우를 받지 못하고 있어." 이 말을 믿는 사람은 세상이 자신을 공정하게 대할 때까지 무의식적으로 분노에 매달립니다. 분노는 똬리를 튼 뱀처럼 기다리다가, 살짝 건드리기만 해도 예기치 못하게 맹렬히 덤벼듭니다.

여기서 분노를 다룰 때 기억해야 할 첫 번째 원칙이 나옵니다. 분노는 피할 수 없다는 것입니다. 세상이 우리를 매번 절대적으로 공정하게 대하리라고 믿는 이상 평생 수모와 홀대를 겪게 될 테니까요. 불가피하게 세상에 상처받고 분노로 반응하는 일이 주기적으로 반복되지요. 이 사실을 받아들이면 우리가 때로 분노하는 것에 대해 죄책감을 느끼지 않아도 됩니다. 동시에 분노에 매달리지 않아도 됩니다. 우리가 받은 수모는 알고 보면 우리 자신이 스스로 만들어낸 경험이니까요. 세상에서 어떤 대우를 받아야 마땅하다고 기대하는 바가 비현실적일수록 좋은 대우를 받지 못했을 때 느끼는 충격도 커집니다. 모든 걸 자신을 겨냥한 공격으로 여기며 분노를 영영 내려놓지 못하게 되지요. 여기에는 역설이 있습니다. 자신이 불공정하게 대우받는 것에 분노하는 사람이 너무 많은 나머지 우리 사회는 걸어 다니는 시한폭탄으로 득실거립니다. 우리가 서로의 분노에 반응함으로써 각각이 느끼는 불공평함은 더욱더 증폭됩니다.

세상이 자신에게 공정하게 대해야 한다고 고집하는 사람은 결국은 자신이 피해자라고 믿게 됩니다. 이런 믿음은 국가 수준에서 이익집단 사이의 전쟁을 일으키고 사회를 갈기갈기 분열시킵니다. 정치적 수사 자체가 분노를 연료로 삼지요. 그러나 피해자의 분노는 건설적인 분노가 아닙니다. 그런 분노는 **현재 상황이 그대로 유지되어 계속 합당하게 화낼 수 있기를 바라는 무의식적인 욕망**을 먹고 삽니다. 분노와 피해의식이 친숙해져서 그런 감정들에 집착하게 되면 일종의 정체성이 되지요. 이런 의미에서 분노에 사로잡혀 있는 사람은 인생의 다음 단계로 나아가기가 어려워집니다. 분노가 닻처럼 묵직하게 그의 발목을 붙들고 있거든요. 똑같은 상황에 대해 몇 번이고 되풀이하여 똑같이 화내는 사람을 주위에서 본 적이 있을 거예요. 그들은 분노에 사로잡혀 어디로도 나아가지 못하는 처지가 되었습니다. 그렇다면 우리는 이런 질문을 던져야 합니다. 인생에서 앞으로 나아가려면 분노를 어떻게 다루어야 할까요?

분노를 다루는 핵심은 분노가 일어나는 그 순간 즉시 처리해야 한다는 것입니다. 오래 방치해 곪을수록 분노는 우리 안으로 깊이 배어들어 건강한 삶을 가로막는 방해물이 됩니다. 분노를 처리하는 건 분노를 억누르는 것과는 달라요. 위에서 언급한 작가는 분노를 처리하지 않고 그대로 묻어둔 탓에 죽음에 이르렀을지도 모릅니다. 분노를 긍정적인 힘으로 바꿀 만한 창의적인 방법이 필요합니다. 이 작업은 세 단계로 이루어집니다. 먼저 분노가 올라오는 걸 느끼면 잠시 고요한 순간을 보내며 분노 자체에 집중합니다. 다른 건 전부 차단해야 해요. 마음속에 타오르는 분노를 될 수 있는 한 강렬하게 느껴보세요. 나는 이 단계를 자기주장이라고 부릅니다. 두 번째 단계는 분노를 완전히 멈추는 것입니다. 어렵게 들리겠지만 실제로는 생각만큼 어렵지는 않아요. 한밤중에 자연에서 밤하늘의 무한한 별을 바라본다고 상상해 보세요. 자신이 우주에서 대수롭지 않은 존재라는 걸 느껴봅니다. 그러면 곧 품고 있던 우려가 전만큼 중요하지 않게 여겨지고, 분노는 녹아 사라질 거예요. 이 단계는 자기통제라고 부릅니다. 세 번째 단계는 분노를 유발한 사람에게 집중하고 그에게 사랑의 에너지를 보내는 것입니다. 이때 오로지 사랑에 집중해야 합니다. 머릿속에서 그 사람이 정말로 사랑받을 자격이 있는지를 두고 왈가왈부하며 논쟁을 시작하지 마세요. 몸으로 운동할 때처럼 아무런 판단을 내리지 않고 행동하는 겁니다. 자신을 상처 입힌 사람에게 사랑의 에너지를 투사하는 능력을 적극적 사랑이라고 합니다. 이것이 자아의 가장 높은 단계이지요. 감정이 해소될 때까지 이 세 단계를 반복하세요. 분노를 억누르거나 부정하지 않고서도 다른 에너지로 변형할 수 있습니다. 이를 실천할 때마다 자아감은 더 강해지고, 타인의 행동에 덜 휘둘리게 될 것입니다.

이 접근법이 수동적으로 느껴진다는 이유로 거부감이 들 수도 있습니다. 자연스러운 반응이지요. 하지만 알고 보면 이 접근법은 수동적인 것과는 거리가 한없이 멉니다. 대부분의 사람은 분노를 해소할 수단이 없습니다. 그래서 남이 자기에게 무슨 일을 했는지에 집착하고, 상대가 잘못을 바로잡게 하려면 어떻게 해야 할지 고민하는 데 너무 많은 시간과 에너지를 허비합니다. 그러느라 중요한 것에 집중하지 못해 인생에서 앞으로 나아갈 의지가 꺾이고 말지요. 외부로 분노를 표출하는 게 겉보기에는 강력하고 공격적으로 보일지 몰라도 사실 자신에게는 긍정적인 효과가 거의 없어요. 자기 분노에 갇혀버린 자들이야말로 진정으로 수동적인 이들이지요. 사실 그들은 '피해자'라는 용어의 정의에 꼭 들어맞습니다. 자기 의지를 낭비하고 있으니까요.

분노를 사랑으로 바꾸는 방법을 배우면 더 강한 자아감을 경험하게 됩니다. 그렇게 새로운 관점에 도달하고 나면 분노로 마비되지 않고 인생의 좌절과 불공정을 받아들일 수 있습니다. 더 차분해지고, 더 침착해질 거예요. 이제 분노에서 벗어났으므로 에너지를 미래에 집중할 수 있습니다. 분노가 우리 스스로를 피해자로 만드는 일은 이제 벌어지지 않아요. 대신 분노는 오히려 우리 자아의 고차원적 창조력을 불러일으키는 첫걸음이 됩니다. 그 힘은 증오가 아닌 사랑으로 표현되지요. 더 높은 차원의 자아는 인생에서 앞으로 나아갈 조용한 용기를 줄 겁니다. 그 용기야말로 세상의 어떤 고함보다도 한없이 강합니다.

똑같이 사는데
무엇이 다르길 바라는가

예전에 인생이 송두리째 망가져 가던 사진작가 에이전시의 대표가 내담자로 진료실을 찾아온 적이 있었습니다. 비만에 도통 어디에도 집중하지 못하며 외양이 다소 헝클어진 그는 셔츠 밑단을 바지에 집어넣는 걸 자꾸 까먹는 덩치 큰 어린아이 같았지요. 어느 모로 보아도 대형 에이전시를 운영하는 사람처럼 보이지는 않았는데 실제로도 그러했습니다. 진실은 그가 에이전시를 운영한다기보다는 에이전시가 그를 운영한다는 것에 더 가까웠지요. 여러 사진작가가 각종 요구 사항을 들이밀며 그를 부려먹었습니다. "쉴 새 없이 배고프다고 보채는 갓난아기 서른 명을 돌보는 어머니가 된 기분이에요." 그는 고객들의 부탁을 거절하지 못해서 매일 기진맥진한 상태였어요. 고생하는 자신에게는 무언가에 탐닉하는 것으로 보상을 내렸지요. 그런데 그 탐닉의 대상들은 감정적으로나 신체적으로나 그를 약하게 만들었습니다. 그는 하루에도 몇 차례나 마리화나를 피웠고, 스테이크를 먹을 기회를 절대 놓치지 않았으며, 상대가 들을 의향이 있든 없든 주변 사람을 붙잡고서 강박적으로 하소연을 쏟아냈어요.

사업은 순항하고 있었지만 그의 인생은 엉망진창인 실패작 그 자체였지요. 새 사무실이 필요했지만 이사할 만한 기력이 없었습니다. 불합리하게 구는 고객들을 끊어내야 했지만 그들과 정면으로 대결하기가 두려웠어요. 아내와 사이가 멀어졌지만 다시 가까워질 시간이 없었어요. 어린아이의 겉모습을 한 그의 속은 엉망으로 늙어 있었지요. "죽음이 가까운 것처럼 느껴져요."

나는 그에게 목적의식을 되찾고 더불어 인생의 힘도

되찾을 수 있다고 말했습니다. 하지만 그러려면 대가를 치러야 했지요. 그가 나쁜 습관을 바꾸어야만 했습니다. 마약도, 과식도, 다른 사람을 감정의 쓰레기통처럼 이용하는 일도 그만둬야 했지요. 내 말을 들은 그는 생각만으로도 공황에 빠졌습니다. "그것들 없이는 하루도 보내지 못할 거예요. 어째서 다른 것부터 바꾸면 안 된다는 거죠?" 나는 한 문장으로 답했습니다. "그건 불가능하니까요."

그의 나쁜 습관은 건강을 위협할 뿐 아니라 그가 인생에서 앞으로 나아가려면 필요한 에너지를 고갈시켰습니다. 나쁜 습관을 먼저 따르려는 충동은 늘 동일한 경로를 따릅니다. 내가 '저차원적 채널'이라고 부르는 길을 따라 당장의 만족을 향해 직선으로 달리지요. 과자나 담배로 손을 뻗을 때, 분노나 한탄을 폭발시키듯 터뜨릴 때, 우리가 추구하는 건 즉각적 보상입니다. 우리의 욕망은 저차원적 채널을 통해 충동적으로 터져 나오며 이렇게 외치지요. **'당장 이걸 원해.'**

많은 사람이 매사 이런 충동을 따릅니다.

그 내담자가 고객의 비위를 전부 맞추고 싶다는 충동

에 사로잡혔던 건 사실 그들의 사랑을 얻어내려는 절박한 시도였습니다. 그러나 저차원적 채널을 통해 기능하는 건 개인에게는 재난과 같습니다. 쾌감이 지나간 뒤 우리에게는 아무것도 남지 않지요. 그런데도 우리는 대부분 저차원적 채널을 절대 벗어날 수 없다고 느낍니다. 그 결과가 틀림없이 해로울 걸 알더라도 말이지요.

우리가 앞으로 나아가지 못하도록 막는 내면의 부정적인 부분은 우리의 나쁜 습관을 부추깁니다. 앞서 X영역이라 지칭했던 이 부정적인 힘은 교활하여 우리 정신에 장난을 치지요. X영역은 우리가 나쁜 습관의 대가를 치르지 않아도 되는 양 행동하게 만듭니다. 내 내담자가 말했습니다. "과식이랑 마약이 좋지 않다는 걸 알지만, 그것들에 탐닉할 때면 실질적으로 위험하다고 느껴지지 않아요. 그 순간 제가 느낄 수 있는 건 오직 충동뿐이죠." 뒤따를 결과가 존재하지 않는 것처럼 행동할 때 우리는 미래를 의식하는 감각을 잃어버립니다. 그 순간 세상에 존재하는 건 즉각적 쾌감뿐이지요. X영역에는 우리가 나쁜 습관 없이는 제 몫을 할 수 없다고 믿게 하는 천재성마저 있습니다.

물론 그건 거짓말이지요. 우리는 실제로 나쁜 습관이 없이도 잘 살아간 적이 있으니까요.

인생은 시련으로 가득합니다. 고통과 노력에 대해 보상을 원하는 건 인간의 본성이지요. 종종 보상이 주어지긴 하지만 그 보상이 무엇일지, 언제 올지는 불확실합니다. 이는 세상의 법칙이라 우리는 미래를 믿고 기다리는 수밖에 없지요. 그러나 X영역은 우리가 특별하다고, 그러니 법칙 따위는 따르지 않아도 괜찮다고 이야기합니다. 우리에게는 즉시 보상받을 권리가 있다고 말하지요. 즉각적 보상이야말로 유일하게 믿음직한 거라고 속삭입니다. 다른 믿음은 필요 없다면서요. 하지만 믿음이 없는 사람들은 결국 약해집니다. 그 내담자는 사소한 보상들이 보장되지 않을 때는 털끝만큼도 노력할 수 없었지요. 그는 진실에 눈을 감아버렸어요. 그가 보상이라고 여긴 것들은 실제로는 그의 건강을 위협하고 그를 미성숙한 상태에 머물게 하는 벌이었습니다. X영역이 그를 완벽하게 속여 넘긴 거예요.

X영역에 제동을 걸지 않으면 순간적인 충동은 중독으로 바뀌고 맙니다. 저차원적 채널을 통한 충동은 우리 외부에서 어떤 보상이든 얻어내려고 하지요 그러나 우리는 정신적인 존재이기에 실질적으로 만족을 얻는 방법은 고차원적 힘과 연결되는 것뿐입니다. 그 힘을 신이든 흐름이든 무의식이든 무엇이라 불러도 상관없습니다. 그 힘은 무한하며 오로지 우리의 내면에서만 발견됩니다. 충동에 이끌려 물질로 만족을 구할수록 우리는 고차원적 힘에서 멀어지고 공허감만 커집니다. 정도의 차이만 있을 뿐 누구나 이러한 내적 공허감을 느끼지요. 누구에게나 내면의 구멍이 있습니다. X영역은 자기 내면을 들여다보기보다 마리화나 한 대를 피우거나 케이크 한 조각을 먹거나 분노를 터트리라고 부추깁니다. 그러면 내면의 구멍이 채워질 거라고 속삭이지요. 이런 X영역의 말을 따름으로써 진짜로 공허감을 채워줄 수 있는 내면의 힘에서 한 걸음 더 멀어지게 됩니다. 그렇게 우리는 악순환에 빠지지요. 충동적으로 행동할수록 구멍은 더 커질 따름입니다.

이것이 중독의 본질입니다. **무한한 구멍을 유한한 경험**

으로 채우려고 애쓰는 것.

중국의 옛 격언에서는 '광기'에 대해 '똑같은 행동을 계속 되풀이하면서 다른 결과가 나오기를 바라는 것'이라고 정의했더랬지요.

이런 패턴은 대단히 파괴적이지만 바꾸기는 매우 힘듭니다. 즉각적 보상을 거부하는 순간 우리는 박탈감을 느낍니다. 그 순간 X영역은 우리의 이기심을 파고들어 결코 박탈감을 느끼지 않아도 된다고 호소하지요.

여기에 맞서 싸우는 유일한 방법은 충동에 굴복하지 않을, 똑같이 이기적인 이유를 찾아내는 겁니다. 다시 말해 자기 자신에게 박탈감을 주는 데서 보상을 찾아내는 거지요. 저차원적이고 순전히 물질적인 세계에서 이는 불가능해 보입니다. 하지만 사물이 아닌 에너지의 관점에서 인생을 보면 모든 게 달라집니다. 그것도 순식간에 말이죠.

충동을 억제할 때마다 저차원적 채널을 차단한다고 생각하세요. 그러면 역동적인 도치가 일어납니다. 충동을 막을 때 그 에너지의 방향을 뒤바꾸어 우리 안에 갈무리해 둔다고 생각하세요. 그 에너지는 변형되어 고차원적 채널을 통해 더 강렬한 형태로 다시 나타날 겁니다. 에너지가 이런 경로로 흐를 때 우리에게는 창조할 힘이 생겨납니다. 고차원적 채널은 무한한 힘으로써 우리를 흐름의 세계와 연결해 줍니다. 고차원적 채널을 통해 기능할 때 우리는 고차원적 힘의 도움을 받아 목표를 향해 나아갈 수 있어요.

강렬한 창조의 에너지는 우리가 중독된 걸 우리 자신에게서 박탈할 때 받는 보상입니다. 이때 만들어진 에너지는 고차원적 채널에 쌓입니다. 한 번씩 충동을 억제할 때마다 내면의 돼지 저금통에 조금씩 에너지가 모이지요. 우리는 그렇게 우리 자신을 채워주게 됩니다. 고차원적 채널의 에너지는 우리에게 용기와 창조성, 목적의식을 선물해요.

이런 역동적인 에너지 도치는 단순한 개념을 넘어 우리가 파괴적인 충동을 느낄 때마다 사용할 수 있는 실용적인 도구입니다. 초코바가 너무 먹고 싶다고 해봅시다. 쾌감을 기대하면서 슬며시 저차원적 채널이 열립니다. 제가 살면서 알게 된 바 이 채널을 다시 닫는 제일 좋은 방법은 쾌감 대신 고통을 느끼는 것입니다. 저차원적 채널에서 빠져드는 중독은 어김없이 고통으로 이어지니까요. 당을 섭취하고 싶은 갈망이 치솟는 그 순간 고통의 감각을 느껴보세요. 처음에는 어려울지 몰라도 실천할수록 더 능숙해질 것입니다. 고통이 문자 그대로 저차원적 채널의 문을 닫는 모습을 상상하세요. 그리고 조용히 도움을 청해보세요. 이때 있는 힘껏 열정을 끌어모읍니다. 누군가가 자신을 저차원적 채널에서 끌어올려 주는 모습을 상상해 보는 겁니다. 자신에게 맞는 이미지를 사용해도 좋고 자신을 자기 무의식에서 끌어올려 주는 순수한 힘을 그려보아도 좋습니다. 마지막으로 그 힘에 이끌린 자신이 세상으로 걸어 나오는 모습을 상상하세요. 우리의 목적은 충동에 얽매여 살아가는 대신 다시금 세상에 기여하는 것입니다. 이런 기여의 감각을 느끼도록 연습하면서 스스로를 훈련하세요. 세상에 기여하는 것은 고차원적 채널을 여는 가장 직접적인 방법입니다. 이로써 단것을 갈망하는 마음은 문자 그대로 사라져 버렸을 것입니다.

우리 사회는 중독되어 있습니다. 즉각적 보상은 우리의 종교가 되었지요. 이런 현실에서 자기통제를 말하는 것만으로는 소용 없습니다. 우리 자신을 정말로 돕는 유일한 방법은 자기 습관을 바꾸는 것뿐입니다. 그래야만 우리 미래를 바꾸는 힘에 발동을 걸 수 있지요.

한밤중에 자연에서 밤하늘의 무한한 별을

바라본다고 상상해 보세요.

자신이 우주에서 대수롭지 않은 존재라는 걸 느껴봅니다.

그러면 곧 품고 있던 우려가 전만큼 중요하지 않게 여겨지고,

분노는 녹아 사라질 거예요.

이 단계를 자기통제라고 부릅니다.

3장

진정한 자유의 모습

삶을 살아가는 묘수는 무언가의 제약을 받는 경험을

다르게 생각하는 데 있어요.

외적인 의미에서 보면 무언가 선택할 때

과연 어떠한 기회나 경험을 포기하게 됩니다.

그러나 내적인 의미에서 볼 때 실제로는 무언가를 얻게 됩니다.

물고기는 자신이 원하는 방향으로
헤엄칠 때 자유롭다

목표가 특이한 남자를 한 명 알고 있습니다. 그는 무인도를 하나 사고 싶어 했어요. 은퇴하자마자 문명에서 탈출해 무인도에서 사는 게 그의 꿈이었지요. 내담자로 진료실을 찾아온 그는 이것이 기억할 수 있는 한 가장 오래된 목표였다고 이야기했습니다. 40세 생일까지는 '열반'에 이르는 게 자신에게 대단히 중요한 문제라고도 했지요. 그는 은퇴하고 나서 '10년만 더 살고 죽는' 유형의 생활을 바라지 않았습니다. "자유롭게 오래오래 살고 싶어요." 그가 고집스러운 말투로 말했지요. 나는 단박에 그 남자가 자유에 대해 아무것도 모른다는 걸 알 수 있었습니다. 그는 평생 엉뚱한 곳에서 자유를 찾아 헤매고 있었지요. 외동이었던 그 남자의 어머니는 가난하게 자랐고, 자기 잠재력을 충분히 실현하지 못했다고 느꼈기에 아들만큼은 자신처럼 살지 않기를 바랐습니다. 실제로 내담자는 본인의 표현을 빌리자면 "아무런 제약 없이" 자랐습니다. 학교가 마음에 들지 않으면 어머니가 바로 전학시켜 주었어요. 친구와 싸우면 어머니는 다른 친구를 찾아서 놀게 해주었지요. 영화가 마음에 들지 않으면 그들 모자는 즉시 영화관에서 나와 다른 영화를 보러 갔습니다.

그러나 어머니의 유연한 태도는 아들에게 자신이 바랐던 효과를 내는 데 실패했습니다. 아들은 환상에 빠져 현실을 보지 못하는 몽상가로 자라났습니다. 그는 계획을 세우거나 약속을 지키지 못했어요. 결정을 앞두면 어김없이 무력해졌고요. 자신을 저녁 식사에 초대해 준 친구에게 음식이 나오기 한 시간 전에 다시 연락해 주면 그때 참석할지 말지 결정하겠다고 답했지요. 말할 것도 없이 그에게는 친구라고 부를 만한 사람이 거의 남아 있지 않았습니다.

그의 사전에서 자유란 무엇이든 자신이 원하는 걸 원할 때에 하면서 동시에 다른 선택지를 놓치지 않을 수 있는 능력이었지요. "인생이 내 자유를 앗아가도록 놔두지 않을 겁니다." 그가 선언했습니다. 내가 그에게 성장하려면 어느 한 가지에 헌신해야 하며 어른은 언제나 선택으로써 자기 삶을 제한한다고 말하자, 그는 대부분의 사람이 "속은 것"이라고 답했어요. 그가 느끼기에 사람들은 어른이 된다는 "덫"에 빠졌으며, 그 덫의 제일 나쁜 부분은 일을 해야 한다는 것이었습니다. 그의 관점에서 평생 열심히 일하는 사람은 "멍청이 아니면 노예"였지요. 그의 무인도 타령은 이러한 맥락에서 비롯했습니다. 무인도에 서라면 그는 아무것도 요구받지 않고, 자기 세계에서 안전할 테니까요.

내가 처음 그를 만났을 때 그는 꿈을 이루기 일보 직전이었습니다. 그가 일하던 기업이 갓 상장한 터였거든요. 그는 상당한 스톡옵션을 보유하고 있었기에 검소하게 생활한다고 전제하면 꿈꾸던 대로 은퇴할 수 있었어요. 그는 서른일곱 살이었는데 1년만 기다리면 스톡옵션의 권리를 행사할 수 있었습니다. 그런데 그해에 충격적인 사건이 일어났습니다. 그가 사랑에 빠진 겁니다. 그는 원래 여자 친구를 두세 명씩 동시에 사귀고 한 사람에게 헌신하는 법이 없는 바람둥이였어요. 그런데 한 여자가 그에게 대단히 마음 쓰이는 존재가 되어버렸습니다. 이제 그는 딜레마에 직면했지요. 그 여자와 결혼해서 가정을 이루고 싶으면, 충분한 돈을 벌기 위해 계속 일해야 했습니다. 꿈꿔온 낙원으로 도피할 수 없게 되었죠. 바야흐로 그가 가장 두려워하던 일이 현실이 된 것입니다. 덫에 갇히는 일.

그러나 실제로 그를 가둔 건 그가 놓인 상황이 아니었습니다.

그를 가둔 건 어디에도 헌신하지 않고 어떤 요구도 받지 않고 살 수 있다는 망상, "스트레스 없는" 삶을 사는 게 현실적으로 가능하다는 망상이었지요.

스트레스를 피하겠다는 욕구만큼 역설적으로 많은 스트레스를 유발하는 건 없습니다. 이 남자 역시 예외는 아니라서 자유를 갈망하는 만큼이나 자유와는 거리가 멀었어요. 치료받으려고 나를 찾아오기 전 몇 해 동안 그는 어딘가에 갇히는 걸 지나치게 두려워한 나머지 엘리베이터와 비행기에서 공황발작을 일으키기까지 했습니다. 게다가 이제는 사랑하는 사람에게 사랑받는다는, 그의 생애에 일어난 최고의 사건도 마음껏 누리지 못하고 있었습니다. 무인도로 탈출하겠다는 그의 환상은 애초에 말이 되지 않는 거였어요(사실 무인도에서 산다는 건 인생의 선택지를 오히려 제약하는 행위입니다). 인생은 언제나 우리에게 무언가를 요구합니다. 이 진실을 이해하기 전까지 그는 진짜 삶을 시작할 수 없었어요. 인생의 요구에 부응할 때 우리는 값을 매길 수 없는 보상을 받습니다. 창조할 때 오는 희열을 맛볼 수 있고 뚜렷한 목적의식이 주는 명료함도 느낄 수 있습니다. 깊은 관계를 맺는 유대감과 열정을 품을 때 뒤따르는 충만함도 주어집니다. 반면 인생이 우리에게 요구하는 걸 피할 수 있다는 망상은 우리가 이런 즐거움에 닿지 못하도록 가로막습니다. 진정한 자유는 망상으로부터의 자유입니다.

왜 삶은 그토록 많은 걸 요구할까요? 삶은 죽어 있는

우주의 무의미한 우연 덩어리가 아니니까요. 인생은 목적을 향해 나아가는 고차원적 힘입니다. 살다 보면 돈을 벌려고 일하지 않아도 되는 지점에 다다를 수 있어요. 하지만 살아 있다고 느끼려면 어떤 방식으로든 앞으로 나아가는 움직임이 필요합니다. 움직이지 않는다면 우리는 삶에서 떨어져 나가 무의미한 존재로 전락합니다. 신체적으로는 살아 있을지 몰라도 내면은 이미 죽어버린 존재가 되지요.

등이 굽을 대로 굽어서 하늘을 보지 못하는 노인이 있어요. 다른 쪽에는 곧은 자세로 서서 생명력을 내뿜는 사람이 있고요. 둘 중 계속해서 앞으로 나아가는 사람은 누구일까요? 더 자유로운 사람은 누구일까요? 인간으로서 우리는 고차원적 생명력과 연결되어 있을 때만 진정으로 삶을 살아갈 수 있습니다. 그 연결을 끊어내는 건 자유를 얻기는커녕 우리 본성을 부인하는 것입니다. 물고기가 날 수 있다고 해서 자유로운 게 아닙니다. 그것은 물고기가 아니라는 뜻이지요. 물고기는 자신이 원하는 방향으로 헤엄쳐 갈 수 있을 때 자유롭습니다.

생명력이 더 깊어질 때 우리에게는 내면의 자유가 생

겨납니다. 그 내담자는 자기 바깥에서 자유를 모색하고 있었어요. 자기 손에 쥔 선택지가 많을수록 자신이 자유로워진다고 생각했습니다. 이 망상에 사로잡혀 그는 자신을 둘러싼 사물에 집착하기 시작했지요. 하지만 그러다 보니 그의 자유는 오히려 줄어들었습니다. 물질에 연연하는 사람들을 떠올려 보세요. 그들이 자유로워 보이나요? 가진 게 아무리 많아도, 선택지가 아무리 많아도 우리는 인간의 궁극적인 한계에서 벗어날 수 없습니다. 그 한계란 바로 시간입니다. 우리의 생애에 주어진 시간은 매 순간 계속 줄어들고 있어요. 모든 선택지를 열어놓으려고 애쓰는 사이 가장 소중한 자원인 시간을 낭비하고 있습니다. 우리 인생에 더 나은 게 주어지기만을 기다리면서 자동차 전조등 불빛을 받고 놀란 사슴처럼 꼼짝도 하지 못한 채 그 자리에 마비되어 있지요. 이것은 자유라고 할 수 없습니다. 내면의 자유는 바로 이 순간 앞으로 나아갈 능력입니다. **앞으로 나아가려면 선택지를 줄여야 해요.** 시간은 인생에 많은 걸 요구합니다. 우리에게는 영원이 주어지지 않았으므로 선택을 해야 합니다.

이 사실은 참으로 명백하지만, 인생에 실제로 적용하

기는 어렵습니다. 선택의 문을 하나 닫을 때마다 우리는 작은 죽음을 경험하니까요. 상실을 피하려 하는 건 인간의 본성입니다. 그러나 그 본성을 발휘한 결과 한없이 머뭇거리다가 귀중한 시간을 낭비할 따름입니다. 삶을 살아가는 묘수는 무언가의 제약을 받는 경험을 다르게 생각하는 데 있어요. 외적인 의미에서 보면 무언가 선택할 때 과연 어떤 기회나 경험을 포기하게 됩니다. 그러나 내적인 의미에서 볼 때 실제로는 무언가를 얻게 됩니다. 생명력은 물질세계에서 오지 않아요. 우리를 둘러싼 사물에 대한 집착을 내려놓을 때만 우리의 생명력을 찾을 수 있습니다. 이런 의미에서 무언가 포기할 때마다 우리는 더 고차원적 힘을 얻게 됩니다. 우리를 괴롭게 하는 작은 죽음이 모여 더 큰 삶을 이루지요.

제약에는 대단한 힘이 있습니다. 신화 속에서 이 힘의 상징은 아버지입니다. 모래시계를 들고 흰 턱수염을 기른 '시간의 아버지Father Time' 이미지가 대표적이지요. 시간의 아버지는 피할 수 없는 것, 즉 운명과 죽음과 궁극적인 무력감을 상징하지요. 어린아이를 비롯한 모든 사람이 이 인물을 얼마간 경외합니다. 그 내담자는 무인도로 도피하면 시간의 아버지의 손아귀에서 벗어날 수 있으리라는 망상을 품고 있었어요. 비단 그 남자만의 이야기는 아닙니다. 많은 사람이 시간의 아버지와 그의 요구를 피하려고 기를 쓰고 달아나지요. 우리가 신봉하는 물질주의 자체가 궁극적으로는 시간의 아버지를 피하려는 시도라고 보아도 좋습니다. 그러나 우리가 꿈꾸는 회피는 불가능할 뿐더러 우리는 아버지의 상징을 오해하고 있습니다. 그가 우리에게 위협적으로 느껴지는 건 단지 우리가 그에게 저항하기 때문입니다. 그에게 굴종할 때 우리는 그의 힘을 나누어 받게 되지요. 바로 이 진리가 신약에 나오는 그리스도의 이야기와 구약에 나오는 아브라함과 이삭의 이야기, 그 밖의 많은 신화에 담겨 있습니다. 우리가 아버지와 맺어야 하는 올바른 관계에는 이름이 있습니다. 그 이름은 규율입니다. 한 가지 선택에 헌신한다는 규율을 지킬 때마다 우리는 시간의 아버지와 더 깊이 관계를 맺게 되지요. 이때 우리는 제약의 힘을 실천합니다.

진정한 자유는 이런 내면의 힘을 이용할 줄 아는 것입니다. 시간의 제약에서 벗어날 수는 없습니다. 그러나 우리에게 주어진 시간을 최대한 활용할 수는 있지요. 진정한 자유를 얻었을 때 아래의 영역에서 변화가 느껴질 것입니다.

관계

상대에게 헌신하지 못하는 것만큼 관계를 해치는 건 없어요. 우리는 습관적으로 더 나은 사람, 더 마법 같은 사람이 나타나기를 기다립니다. 진정한 자유란 완벽한 상황 같은 건 세상에 존재하지 않음을 이해하며 부질없는 기다림을 멈추고 지금 자기 곁에 있는 상대에게 헌신하는 능력입니다.

기분

이상하게 들리겠지만 행복은 외적인 제약이 존재함에 기뻐하는 것입니다. 산업화가 덜 이루어진 문화에 속한 사람들이 미국인보다 더 행복해 보이는 데는 이유가 있습니다. 그들은 물질세계에서 얻을 수 있는 것에 덜 집착합니다. 진정한 자유는 집착에서 자기 자신을 해방하는 능력이지요. 그것이 바로 행복입니다.

운명의 사건

신화적 의미에서 시간의 아버지는 모든 사건을 일으키는 주체입니다. 이는 곧 우리 인생에 일어나는 모든 사건에 고차원적 의미가 있다는 뜻이지요. 이 철학을 받아들일 때 우리는 설령 괴로운 사건이 일어나더라도 품위를 잃지 않고 용감한 태도로 받아들일 수 있습니다. 진정한 자유는 사건을 자신에게 피해를 주는 가해자라며 탓하는 게 아니라 자신에게 가르침을 주는 스승으로 모시는 능력입니다.

창조성

창조성은 제약에서 나옵니다. 바깥 세계에 제약이 존재할수록 우리 안에서는 바깥 세계에 아직 존재하지 않는 새로운 무언가를 창조할 영감이 피어나지요. 가령 문학과 같은 모든 형태의 예술은 제약이 있을 때 더 잘 풀립니다. 예를 들어 마음이 내키든 내키지 않든 정해진 시간에 창작할 때 더 좋은 작업을 할 수 있지요. 이때 예술가는 시간의 아버지에게 굴종하고 있습니다. 조금만 시간이 지나면 그가 창작을 거들어주는 게 느껴질 것입니다.
그것이야말로 진정한 자유입니다.

온 세상의 돈보다
기분 좋은 일

"대단한 부자들에 대해 이야기하자면, 그들은 당신이나 나와는 다르다." 미국의 소설가 프랜시스 스콧 피츠제럴드는 말했습니다. 그들은 걸프스트림社에서 나온 전용 제트기를 타고 다니고, 으리으리한 저택에 살며, 자신의 세속적 욕구 전반을 돌보아 주는 한 무리의 고용인을 거느리고 있지요. 그들은 나머지 모든 사람의 삶을 지배하는 힘에서 벗어나 저들만의 규칙이 존재하는 우주에서 살아가는 것처럼 보입니다. 그런데 진료실을 찾아온 '엄청난 부자'들을 매일 치료하기 시작하고 나서 피츠제럴드가 단단히 착각했다는 걸 알게 되었습니다. 부자가 돈 덕분에 인생에서 여러 신체적 불편을 겪지 않아도 되도록 보호받는 건 사실입니다(물론 질병은 예외예요). 그러나 감정적이거나 영적인 차원에서 부자는 나머지 모든 사람과 똑같은 세상에 살고 있습니다. 그들도 우리와 같은 난관에 부닥치고 위험에 시달리지요. 그런데도 부자는 우리와 다르다고 믿고 싶어 하는 건, 그래야 우리가 돈에 깃들어 있다고 믿는 마법 같은 힘이 굳건해져서 그렇습니다. 돈이 정말로 인간이 이룰 수 있는 성취의 '끝판왕'이라면 부자는 우리와 전연 달라야 마땅하지요. 큰 부자가 되어보았자 인생이 별반 다를 게 없다면 무엇 하러 우리 사회 전체가 지금처럼 부에 미친 듯이 집착하고 있겠습니까?

우리 사회가 돈에 보이는 집착은 단순히 탐욕만으로는 설명할 수 없습니다. 우리가 느끼고 행동하는 방식은 무엇을 현실이라고 생각하는지에 따라 결정됩니다. 우리 문화에서는 매일같이 돈이 현실을 구성하는 핵심이자 우주의 궁극적 가치라고 이야기하지요. 이렇게 적으면 미친 소리 같지만 잘 살펴보면 꼭 그렇지만은 않아요. 돈에는 실제로 우주의 근본적인 속성과 일치하는 특징이 있어요. 금전 거래가 발생할 때마다 상품과 서비스에서 손바꿈이 일어나면서 일종의 움직임이, **흐름**flow이 생겨납니다. 흐름이란 모든 걸 추동하는 역동적인 힘입니다. 우주의 중심은 흐름 속에서 살아 움직이며 끊임없이 새로운 걸 창조하고 있어요. 이 궁극적인 현실을 갈망하는 것이 인간의 본성입니다. 그런데 우리가 갈망하는 '움직이는 힘'의 자리를 어느새 돈이 대신 꿰차버렸어요. 그 탓에 우리는 성공의 의미를 오해하게 되었지요. 돈을 성공의 기준으로 삼는 바람에 우리 사회는 산산이 부서지고 있습니다.

가장 진정한 성공 사례는 이미 우리 눈앞에 있지요. 우주 자체가 놀랄 만한 성공의 본보기입니다. 왜 그럴까요? 우주는 수만 년 동안 끊이지 않는 흐름 속에서 끝없이 생명을 빚어냈으니까요. 우리 각각이 우주의 작은 모형이며, 우리 안에도 우주와 동일하게 끊임없이 창조하려는 욕구가 도사리고 있습니다. 오로지 창조하는 활동을 통해서만 우리는 진정으로 살아 있으며 성공한 기분을 느낍니다. 세상의 돈을 전부 가져도 그 느낌을 대신할 수는 없지요. 나는 젊은 동업자와 함께 여러 기업을 사고팔면서 10억 달러가 넘는 엄청난 부를 축적한 한 남자를 치료하면서 이 사실을 배웠습니다. 동업자와 맺은 관계가 끝나자 혼자서는 새로운 사업 기회를 창출할 자신감이 부족했던 내담자는 심한 우울감에 빠졌습니다. 아직도 그의 말이 귓가에 생생합니다. "새로운 돈벌이를 찾아낼 수 없다면, 저는 더는 성공했다고 할 수 없어요." 이 말에서는 탐욕과 신경증이 엿보이지만 동시에 심오한 진실 역시 숨겨져 있습니다. 누구나 인생에서 자신이 어떤 의미로든 새로움을 일궈낼 수 있다고 느껴야만 합니다. 매일 흐름 속에 있는 자신을 느껴야만 해요. 안타깝게도 이 남자는 새로움을 '새로운 돈'으로밖에 생각하지 못했고, 그 탓으로 거의 파멸에 이르렀습니다.

진정한 성공은 새로운 걸 창조할 때 느끼는 활력입니다. 창조 활동에서 어떠한 외적 결과를 얻는가는 성공과 전혀 무관해요. 성공은 우주의 흐름과 연결되는 공간을 차지할 때 이루어집니다. 성공의 세계를 찾아내는 법을 배우면 미래가 무한한 가능성으로 가득하다고 느끼게 될 거예요. 그 반대편에는 실패의 세계가 있습니다. 실패의 세계는 아무것도 새로이 창조되지 않는 제한된 곳이지요. 그곳에서 우리는 부담과 피해의식을 느끼고, 긍정적인 미래는 꿈꿀 수 없게 됩니다. 매일 어떤 세계에 살기를 선택하느냐에 따라 성공할 수도 있고 실패할 수도 있습니다. 이 대목에서 모든 게 갈리지요. 잘 산 인생이란 성공의 세계로 가는 길을 찾아내서 그곳에 쭉 머무는 삶입니다.

탁상공론처럼 들릴지도 모르겠지만 그렇지 않아요. 이러한 흐름의 세계에 한 발짝 들어서는 순간 실제로 전혀 다른 느낌이 듭니다.

창조적 상태로 가는 길은 어떻게 찾아야 할까요? 우주를 본보기로 삼아 그 창조적인 순환을 따라가 보는 겁니다. 위대한 진화의 주기를 관찰해 보세요. 인간이 본능적으로 변화를 일으키려 하듯이 우주는 유전적 돌연변이를 일으킵니다. 우주는 새로운 유기체를 창조하며 행동합니다. 그 결과인 새로운 유기체는 생존하기도 하고 생존하지 못하기도 하지요. 이러한 순환에서 얼마나 심오한 성공이 이루어졌는지 보세요. 인류의 존재 자체가 크나큰 성공이지요. 이런 순환에는 쉼이 없습니다. 창조의 결과가 또다시 창조의 본능을 불러와서 그렇게 다시 한번 순환이 시작됩니다. 본능, 행동, 결과, 본능, 행동, 결과… 우주는 결코 멈추는 법이 없지요. 진정으로 성공한 사람은 이 순환을 몇 번이고 반복해 겪을 용기가 있습니다. 하지만 대부분의 사람은 순환에서 벗어나고, 성공의 세계와 연결을 끊어버리고, 가능성을 인지하는 감각을 잃고 맙니다. 이것이 많은 사람이 삶에서 실패했다고 느끼는 이유입니다. 그렇게 사는 대신 우주가 창조적으로 순환하는 방식을 우리 삶에 적용할 방법을 알려주겠습니다.

본능에 귀를 기울이기

앞에서 언급했듯이 본능은 언어로 표현되지 않는 지능으로서 오로지 행동으로 표현되기를 원합니다. 본능은 생각처럼 명료하게 우리를 찾아오지 않아요. 본능의 '정당성'을 논리적으로 증명할 수도 없고요. 본능은 그것이 우리의 본질과 깊이 이어져 있는 만큼 옳습니다. 하지만 대부분의 사람은 본능에 따라 사는 게 익숙하지 않아서 본능을 믿지 않지요. 자기 본능을 명확히 아는 방법은 하나뿐이에요. **실행에 옮기는 겁니다.** 영화 각본을 쓸 수 있겠다는 생각이 들지만 시도해 본 적은 없다면 그 결과를 알아내고자 창조적 순환을 시작해야 합니다. 실제로 각 본을 쓰고 그 결과를 감당해 내는 겁니다. 물론 실패하면 자기 본능이 '틀렸다'는 게 증명될까 봐 걱정스럽겠지요. 여기서 기억해야 할 **비밀은 우리가 옳든 틀렸든 그것은 전혀 중요하지 않다는 겁니다.** 유일하게 중요한 건 우리가 몇 번이고 본능을 따르도록 자신을 훈련했다는 사실입니다. 본능을 따라 행동할 때마다 창조의 마법이 활성화되어, 만일 일이 잘 풀리지 않더라도 본능에 대한 자신감은 점점 커질 거예요. 그 자신감 자체가 성공입니다.

행동하기

지식과 달리 본능적 지성은 행동하기 전까지는 가치가 없어요. 그런데 우리는 대부분 행동까지 나아가는 걸 너무 어려워하지요. 우리는 마냥 수동적으로 기다리면서 행동할 동기가 더 강해지고 두려움이 줄어든 마음 상태에 도달하기만을 바랍니다. 이는 성공을 철저히 오해하는 데서 비롯한 실수입니다. 우리는 어떤 느낌이 드는

지와 관계없이 행동해야 합니다. 왜 그러냐고요? 우리는 무언가를 쟁취하거나 특정한 결과를 얻으려고 어떤 행동에 나서는 게 아닙니다. 그 행동 자체가 우리의 상태를 바꿀 것이기에 그렇게 하는 것입니다. 어떤 본능이 일어날 때 즉시 그 본능에 따라 행동하도록 스스로 훈련해야 해요. 그럼으로써 순환을 시작하고 우리 안에서 창조할 힘을 일깨우게 됩니다. 우리가 행동에 나서는 바로 그 순간 그 힘 덕분에 우리 상태는 달라집니다. 성공하든 실패하든 결과는 무관합니다.

결과를 받아들이기

대부분의 사람은 행동의 역할을 오해하듯이 결과의 의미 역시 오해합니다. 결과가 항상 좋으리라는 법은 없지요. 처음으로 써낸 각본이 어디에도 팔리지 않습니다. 신생기업을 세웠지만 곧 파산합니다. 부정적인 결과를 자신에게 투영해서 실패자가 된 기분을 느끼는 건 자연스러운 일이지요. 그러나 새로이 관점을 바꾸어보면, 우리는 오로지 창조적 순환에서 벗어날 때에만 패배합니다.

창조적 순환에 몸담은 사람에게 부정적인 결과는 단순히 교정이 필요하다는 의미일 따름입니다. 반드시 기억하세요. 우리가 무엇을 창조하든 혼자서 창조하는 게 아닙니다. 새로운 건 무엇이든지 우리와 세상이 함께 창조해 낸 것입니다. 여기에 교정이 필요하다는 건 고차원적 힘에 접근하는 방법이 잘못되었다는 뜻이지요. 각본보다는 소설이 잘 맞을지도 몰라요. 다른 유형의 사업을 시작하는 게 나을지도 모르고요. 고차원적 힘과 함께 창조하는 건 심오한 활동이며, 첫 시도는 물론이고 처음 백 번 안에 올바르게 해내는 일도 드뭅니다. 이 사실을 받아들이면 아무리 부정적인 결과가 나온다 해도 그 안에 깃든 깊은 지혜를 느낄 수 있을 것입니다. 일단 이 지점에 이르면 누구도 우리를 멈추게 할 수 없지요. 우리는 삶이 끝나는 날까지 매일 무언가를 창조할 수 있을 겁니다.

그것은 온 세상의 돈을 다 가진 것보다도 더 기분 좋은 일이랍니다.

리듬이 있는 삶

● 제임스 테일러James Taylor의 오래된 노래에
이런 말이 나옵니다. "인생의 비밀은 시간의 흐름을 즐기
는 것이라네."* 반박할 수 없는 진실입니다. 그러나 대부
분의 사람은 시간을 단지 심각한 골칫거리로 여길 따름
이지요. 우리는 언제나 시간이 부족해서 전전긍긍합니
다. 하지만 시간을 따라잡으려고 좇을수록 시간은 어쩐

* 미국의 싱어송라이터 제임스 테일러가 1977년에 발표한 'Secret o' Life'의
  가사

일인지 더 멀어져만 갑니다. 마치 우리를 놀리듯이 시간은 그것을 움켜쥐려는 우리 손가락 사이를 교묘하게 빠져나가지요. 우리는 시간의 압박을 받으면서도 시간을 낭비합니다. 그렇게 나이가 들수록 우리에게 남은 소중한 시간은 줄어만 가지요. 어느샌가 시간은 우리의 강력한 적으로 등극합니다. 아무리 몸부림쳐도 시간과 벌이는 전투에서 지고 있다는 느낌에서 벗어날 수 없습니다. 한마디로 우리는 시간과 맞서서 지지 않는 비결을 잃어버렸어요.

우리가 시간을 뜻대로 다룰 수 없다고 느끼는 건 근본적으로 시간의 속성과 시간의 중요성을 오해하고 있기 때문입니다. 우리는 시간을 한없이 갈망하면서도 마치 시간이 마음대로 휘어잡아 통제할 수 있고 사거나 팔 수 있는 대상인 것처럼 존중하지 않고 있지요. 현대를 살아가는 우리에게 기술을 잘 활용하면 시간의 주인이 될 수 있다는 이야기는 친숙합니다. 그러나 이것은 거대한 거짓말입니다. 기계는 오히려 시간이 우리에게서 더 빠르게 달아나도록 부추깁니다. 무슨 비뚤어진 법칙이라도 존재하는 건지 기계를 더 많이 소유할수록 시간은 더 부족해집니다. 우리는 소셜미디어 피드를 스크롤하느라 자정까지 잠들지 못하고, 이튿날에는 차를 정비소에 끌고 가려고 아침 일찍부터 일어납니다. 스마트폰은 온종일 끊임없이 문자메시지 알림을 울려대지요. 기계가 시간을 전부 잡아먹은 나머지 우리 자신을 위한 시간은 조금도 남지 않았습니다. 기술에 끌려다니면서 우리는 시간의 본질적 속성을 잊어버린 것입니다.

시간이 신성하다는 사실을 말이지요.

고대인에게 시간은 신이 보내준 선물로서 경외하고 존경할 만한 대상이었습니다. 노인은 시간의 흐름 속에서 나이가 들었다는 이유만으로 공경받았지요. 시간은 개인보다 더 높은 차원에 속했으며, 통제할 대상이 아니라 그저 감사할 대상이었어요. 시간을 신성하게 바라보는 세계관에서 아이가 자라거나 작물이 익는 등 좋은 일은 삶이 순환하는 리듬의 일부로 발생하는 것이지요. 그러나 우리 문화는 타락한 나머지 시간이 드는 모든 것을 경멸하기에 이르렀습니다. 청춘은 시간에 노출되지 않았다는 이유만으로 존경받지요. 오랫동안 노력을 들여 얻어낸 성공보다 일확천금으로 얻은 부를 더 선망합니다. 우리는 보상이 주어지기까지 기다리는 짧은 시간조차 참지 못해서 그사이에 무언가를 먹거나 무언가에 취하거나 휴대폰 속 세상으로 들어가 버리지요.

우리 시대에 시간이 본래의 신성한 지위를 되찾는 건 오로지 의식과 관련할 때입니다. 의식은 우리 삶에 의미가 들어오는 특정한 시간이지요. 고대 세계에서 의식은 시간과 온전히 결합해 한 해의 정해진 계절이나 하루의 어느 시각에 이루어졌습니다. 고대인은 의식을 치르면서 시간을 우리가 사는 세상보다 더 높은 차원에서 내려온 무언가로 인식했습니다. 그들에게 의식을 잃는다는 건 곧 삶의 의미가 허물어진다는 것과 같았지요. 오늘날 명절이나 결혼식과 장례식에서 그런 감각이 희미하게 메아리치는 걸 느낄 수 있습니다. 그러나 일상생활에서는 의식을 치르는 감각을 송두리째 잃고 말았지요.

그렇게 우리는 리듬을 잃어버렸습니다.

우리는 이제 대개 농사를 짓고 살지 않으며 고대 부족 문화에 속해 있지도 않기에, 벗어날 수 없는 시간의 리듬에 경의를 표하기가 과거보다 더 어려워졌습니다. 시간을 존중하는 법을 배우지 못한다면 우리가 살아가는 세상은 계속 정신없고 무의미하게 느껴질 겁니다. 절박하게 시간을 따라잡으려 하면서도 그 방법은 알지 못하지요. 고대인과 달리 문화와 환경에서 도움을 받지 못하는 우리가 시간과 맺은 관계를 회복할 유일한 방법은 각자 스스로 책임감을 느끼며 습관을 바꾸는 겁니다. 이를 위해서는 대단한 규율이 필요합니다. **실은 규율이라는 것 자체가 시간과 맺은 올바른 관계로 정의될 수 있지요.** 굴종, 헌신, 인내는 우리가 규율을 얻도록 도와주는 도구입니다. 적절히 사용하면 이 도구들은 먼 옛날처럼 우리가 시간을 소중한 선물로 긍정하도록 이끌어주고, 리듬이 깨져버린 현대의 삶에 의식을 치르는 감각을 되돌려줄 겁니다.

굴종submission은 에고와 관련이 있습니다. 우리의 자기중심적인 자아인 에고의 속성은 원하는 걸 원할 때 하고 싶어 한다는 거예요. 에고는 당장의 충동에 지나치게 가치를 두지요. 언제나 놓칠 수 없는 무언가가 있다고 느낍니다. 그 결과 우리는 방해받지 않고 오랫동안 한 가지 일에 집중하는 데 큰 어려움을 겪게 되었지요. 화면을 보지 않고서는 밥을 먹지 못합니다. 문자메시지에 답하느라 속 깊은 대화를 끊지요. 자꾸만 다른 일을 기웃거리지 않고 집중한 채로 글을 쓰거나 공부하지 못합니다. 사실 이런 활동은 신성하게 대우받아야 마땅합니다. 우리 일상에 약간이나마 의식을 치르는 감각을 회복시킬 기회니까요. 자신이 하는 활동이 진정으로 신성하다고 느끼는 사람은 감히 그 활동을 멋대로 끊을 엄두를 내지 않을 거예요. 신성한 일은 끝까지 마무리해야 하므로 활동하면서 순간순간 어떤 감정이 일든 반드시 끝낼 겁니다. 그때 그 활동은 수행하는 개인보다 귀한 것이 됩니다. 그런데 우리가 속한 문화 전체가 그러지 않으려고 저항하고 있어요. 우리는 개인이 느끼는 당장의 충동을 세상에서 가장 우선시하려 합니다. 그러나 진정한 자유는 우리가 하는 활동을 신성하게 대우할 때만 비로소 찾아오지요.

헌신commitment은 과거, 현재, 미래를 잇는 일입니다. 헌신이 반드시 아주 긴 기간에 적용되어야 하는 건 아니에요. 오히려 하루나 그보다도 더 짧은 기간에 실천하는 게 가장 좋습니다. 헌신이란 어떤 행동을 하겠다고 자기 자신에게 약속하면 그 약속을 지키는 걸 의미합니다. 내일 아침 열 시에 운동을 하겠다고 다짐하면 무조건 그 시각에 운동하러 가야 해요. 약속을 정확히 지키는 게 중요합니다. 열 시에 시작하겠다고 말했으면 열 시에 시작해야 해요. 이제 열 시는 신성한 시간이 되었습니다. 그 시각에 본질적으로 특별한 구석이 있어서가 아니라, 그 전날 그 시각에 무언가를 하겠다고 자기 자신에게 약속했기 때문입니다. 열 시는 자기 자신에게 헌신하는 것을 증명할 기회가 되지요. 이런 식으로 행동하는 습관을 들이면 인생은 헌신, 행동, 헌신, 행동이 규칙적으로 순환하는 형태로 펼쳐지게 됩니다. 헌신은 현재의 우리를 행동해야 하는 미래의 우리와 이어주며 행동은 현재의 우리를 헌신을 다짐한 과거의 우리와 이어줍니다. 그리하여 우리는 과거, 현재, 미래를 하나의 연속된 것으로 경험하기 시작합니다. 이렇듯 연속하는 흐름을 느끼지 못하면서 시간을 제대로 존중할 수는 없습니다. 그 흐름을 느끼지 못하면 인생은 서로 무관한 사건의 무의미한 나열일 뿐이지요. 연속성을 느끼기 시작하면 누가 시키지 않아도 약속을 정확히 지키기를 원하는 지점에 다다르게 될 거예요. 진정한 자신감은 시간의 연속체 안에서 잘 살아가는 자신을 느낄 때만 찾아옵니다.

인내patience는 무엇이든 만들어지는 데 시간이 걸린다는 사실을 받아들이는 일입니다. 그 바탕에는 우리가 혼자서 아무것도 만들 수 없다는 더 심오한 진실이 깔려 있지요. 책을 쓰거나 아이를 기르거나 식사를 준비하거나 집을 짓는 것과 같이 우리가 살아가며 하는 일은 모두 더 큰 전체에 참여하면서 이루어집니다. 우리가 만드는 게 무엇이든 우리는 그것을 우리보다 더 큰 무언가와 공동으로 창조하고 있습니다. 인류가 아직 땅에 매여 있던 과거에는 누구도 이 사실을 부인할 수 없었지요. 과거 시간의 리듬은 신성했습니다. 그 리듬 안에서 고차원적 힘이 작동하는 게 사람들의 눈에 선명하게 보였으니까요. 그러나 현대인은 자신의 에고를 내세워 저 혼자 무언가를 만들어내고 싶어 합니다. 고차원적 힘과 좋은 관계를 맺는 데는 아무런 관심이 없으며, 따라서 인내하며 도움을 기다리는 것에 어떤 가치가 있는지도 알지 못해요. 그러니 노력했는데도 아무 일도 일어나지 않는 것처럼 느껴지는 순간 바로 절망에 빠질 수밖에 없지요. 한번 실험해 보세요. 살다가 가망 없는 상황에 놓였다는 느낌이 들면 그로부터 몇 시간이나 며칠 동안 무슨 일이 일어나는지 주의를 기울여 관찰하는 겁니다. 대부분 시간이 흐르면서 어떤 해결책이 서서히 드러날 것입니다. 이 현상을 관찰하도록 자신을 훈련한 사람은 시간의 창조적인 힘을 믿게 됩니다. 시간이 신성한 이유는 바로 이런 힘이 깃들어 있기 때문이지요. 시간과 인내하며 맺은 관계에서 비롯한 믿음이 없다면 진정한 자신감은 찾아오지 않습니다.

시간은 우리가 서로 관계 맺는 방식에도 영향을 미칩니다. 가족관계에서 이 점이 가장 명확하게 드러나지요. 가족은 오랜 시간에 걸쳐 서로 관계를 맺어야 하는 사람들의 집단이라 정의할 수 있습니다. 가족 안에서 시작한 활동이 계속 중단되거나 결코 마무리되는 법이 없다면, 다짐한 헌신이 지켜지지 않는다면, 아무도 무언가를 위해 기다리려 하지 않는다면, 가족이라는 천은 쉽게 올이 해질 것입니다. 시간을 존중하지 못하는 사람들은 상대를 존중하지도 못하지요. 식사나 기도가 의식이 될 때, 부모가 매일 짧은 시간이라도 서로 소통할 때, 가족 내의 활동이 구조적이고 규칙적인 리듬을 따라 질서 있게 이루어질 때, 가족에게는 평화가 찾아오고 일관성이 유지되지요. 일상의 속도가 느려지면서 아이들은 한 번에 모든 걸 얻을 수 없다는 사실을 쉽게 배우게 됩니다. 그러면 부모도 아이들을 너무 빠르게 몰아붙이지 않아도 괜찮겠다고 느끼게 됩니다. 숨 쉴 시간이 생겨나지요. 생활에 리듬이 있는 가족에게는 자연스레 더 많은 힘이 깃듭니다.

그것은 모두에게 축복이지요.

권위가 우리를
자유롭게 하리라

아주 어렸을 적에 주말마다 할머니 댁에 갔습니다. 브롱크스에 있는 할머니 댁은 맨해튼에 있는 우리 아파트에서 고작 몇 마일 거리였는데도 마치 다른 나라 같았지요. 퀴퀴한 냄새가 나는 건물들은 모퉁이가 다 삭아 있었습니다. 그곳 사람들에게는 독특한 삶의 방식이 있었습니다. 예를 들면 그들은 모두 매주 나무상자로 배달되는, 금속 노즐이 부착된 파란색 유리병에 담긴 탄산수를 마시곤 했지요. 그 동네에는 공식적이지는 않지만 매우 끈끈한 공동체의식이 있었어요. 이웃들은 창문 너머로 서로를 소리쳐 불렀습니다. 가장 인상적이었던 건 내가 잘못을 저지르면 이웃의 어떤 어른이든 거리낌 없이 나를 혼낸다는 사실이었어요. 한번은 내가 어린아이를 밀치자 건물 앞에 접이식 나무 의자를 놓고 앉아 있던 한 여인이 내 목덜미를 잡고 고함을 지르며 꾸짖었습니다. 다른 어른들은 그 행동에 의문을 표하기는커녕 나를 엄중한 눈빛으로 바라볼 뿐이었지요. 브롱크스의 여인들은 아무런 어려움 없이 아이들에게 권위를 행사했습니다.

내 어린 시절을 지금 우리가 사는 세상과 대조해 보세요. 오늘날 어른은 남의 자녀를 혼내는 일은 고사하고 자기 자녀조차 혼내지 않습니다. 그들은 부모로서 자기 권위에 자신감이 부족합니다. 부모가 권위를 얻는 데 실패한 탓에 아이가 치러야 할 대가는 막대합니다. 권위가 없는 어른은 아이에게 필요한 걸 주지 못하거든요. 아이에게 사랑을 주는 것만으로는 충분하지 않습니다. 권위 없는 부모 아래에서 자란 아이는 자신을 둘러싼 세상에 대처할 경험과 관점이 부족해집니다. 부모의 역할은 적극적으로 한계를 설정하고 스스로 자제하는 법을 가르침으로써 자녀를 올바로 인도하는 것입니다. 내면에 권위를 제대로 세우려는 의지가 없으면 이런 일은 해낼 수 없습니다. 아이는 우리의 말을 귀로 듣기 전에 우리를 마음으로 느낍니다. 아이는 우리가 하는 말이 논리적이라고 듣지 않아요. 오직 우리의 **권위를 긍정적으로 느낄 때만** 우리의 말을 듣습니다. 아이가 자신보다 우리가 강하다고 느끼지 않는다면 아이에게 우리는 부모로서 쓸모없는 존재입니다. 자녀를 현실에 잘 대처하도록 준비시키지 못했다면 제대로 양육하는 데 실패한 것입니다.

아이를 위해 강력한 한계를 설정하는 것의 한 가지 장점은 아이들이 자기와 상관없는 일에 끼어들지 못하도록 막아준다는 겁니다. 한번은 내담자가 아직 어린 두 자녀에게 셋째를 낳으면 어떻겠냐고 물어볼 작정인 걸 알게 되었어요. 충격에 휩싸인 나는 아이들에게는 그런 결정을 내릴 능력이 없다고 그를 뜯어말렸습니다. 아이들에게 그런 질문을 던지는 것만으로 그들이 어른의 세계에 참여하고 있음을 암시하게 됩니다. 여기에는 두 가지 부정적인 영향이 뒤따릅니다. 첫째, 아이들에게 지나친 힘을 주게 됩니다. 아이들은 아직 어리니만큼 거의 언제나 이 힘을 오용해 부모를 조종하려 들고 가족 내에서 불화를 일으켜요. 둘째, 아이들이 충분히 강해지기 전에 어른으로서 살아가는 스트레스에 노출된다는 겁니다. 지나친 힘과 지나친 불안은 아이의 영혼을 해치는 독과 같아요. 아이가 어린이의 세계를 떠나도 될 만큼 강해지기 전까지는 어린이의 세계에 놓아두는 게 어른의 책임입니다. 그러려면 어른에게는 권위가 있어야 해요.

현대의 부모가 권위자 역할을 그토록 어려워하는 까닭은 무엇일까요? 그 답을 하나의 역설에서 찾을 수 있습니다. 어른으로서 권위를 행사하려면 반드시 어릴 적에 권위에 복종해 본 경험이 있어야 합니다. 권위를 우리가 어떤 관계를 맺어야 하는 힘이라고 생각해 보세요. 나이와 상황에 따라 그 관계를 맺는 올바른 방법이 존재할 것입니다. 어린이라면 권위에 복종하는 게 올바른 관계입니다. 어른이라면 권위를 행사하는 게 올바른 관계입니다. 그러나 어른이 어릴 적에 권위와 올바로 관계를 맺지 못했다면 권위를 앞세우는 건 건전하지 않다고 느낀 나머지 편안하게 자기 권위를 내세울 수가 없게 됩니다. 그런 사람은 너무 소심해지거나 반대로 너무 엄격해지기 쉽지요.

1960년대에는 아이가 스스로 자신을 조절할 줄 알아야 한다는 개념이 팽배했습니다. 언제 잠자리에 들고, 무엇을 먹고, 얼마나 텔레비전을 봐야 좋을지를 아이 자신이 제일 잘 알 거라는 생각이었지요. 그 결과 고스란히 한 세대가 권위에 복종하는 법을 전연 배우지 못하고 자라났어요. 그리고 바로 이 세대가 스스로 굳건한 부모가 되는 데 실패합니다. 1960년대의 변화를 일으킨 충동 자체는 자유와 개인성을 추구하는 어마어마한 욕구에서 기인한 긍정적인 것이었어요. 하지만 당시 자유로운 개인이 되는 방법으로 반항이 제시되었는데, 조직 원칙으로서의 반항은 시간이 흐르면 약점을 드러내기 마련입니다.

진정한 개인성은 오로지 규율과 복종을 통해서만 얻을 수 있습니다. 이때 필요한 복종은 어느 한 개인을 좇는 복종이 아니라 인생 자체의 구체적 요구로서 우리 앞에 나타나는 고차원적 권위를 좇는 복종입니다. 고차원적 권위에 복종할 때 비로소 우리 자신도 권위를 얻을 수 있지요. 이런 유형의 자아를 빚어나가는 데는 더 큰 노력이 필요합니다. 그러나 이런 자아에는 다른 이들도 느낄 수 있는 내재적인 힘이 깃들어 있어서 타인의 존경을 불러올 뿐 아니라 타인에게 영감을 불어넣기도 합니다. 진정한 자유는 오로지 이러한 고차원적 자아의 확립으로만 누릴 수 있어요. 권위는 우리가 부모뿐 아니라 친구, 고용주, 공동체 지도자의 역할을 해낼 때도 크게 도움이 될 겁니다. 어떠한 유년기를 보냈든 내면의 고차원적 권위를 개발할 수 있는 구체적인 방법을 소개합니다.

인생에서 앞으로 나아가는 힘

진정한 권위는 현재 우리의 모습에서 절로 우러나옵니다. 이는 거짓으로 시늉할 수 없는 것입니다. 우리를 둘러싼 이들은 우리의 인생 경험에서 깊이를 느끼고, 자연히 우리를 존경하게 됩니다. 인생에서 앞으로 나아간다는 건 계속 세상에서 새로운 일을 경험하고 자기 자신을 더 깊이 경험한다는 의미입니다. 이런 꾸준한 움직임이 우리를 살아 있게 하지요. 젊은이들은 우리에게 인생을 확장해 나가는 감각이 있는지를 즉각 감지할 수 있어요. 우리가 어떻게 살아야 할지 방향을 잡지 못했다면, 창조적인 것에 관심이 없다면, 공동체에 참여하지 않는다면, 타인과 깊은 관계를 맺고 있지 않다면 우리는 앞으로 나아가는 게 아닙니다. 자신 안에서 새로운 능력을 개발하려면 아이들에게 중요한 규율과 복종을 자기 자신에게도 적용해야 합니다. 자신의 개인적 습관을 통제하고 일상에서 자기 책임을 완수하는 데서 우리의 내면에 있는 권위가 강해집니다.

오해를 견디기

진정한 권위는 타인이 뭐라고 생각하는지와 무관하게 자기 자신을 표현합니다. 아무도 편들어 주지 않거나 의도를 송두리째 오해한다고 해도 자신이 세운 뜻을 고수할 때 진정한 권위를 키울 수 있습니다. 모든 사람의 내면에는 주변 사람들에게 인정받고 사랑받기를 원하는 어린 아이가 있지요. 그런 우리에게 오해를 사거나 증오를 받는 경험은 고통스럽기는 하지만 우리가 성숙한 선택을 할 수 있도록 돕습니다.

고차원적 가치에 따라 살기

반항을 통해 개인성을 획득하는 접근법은 보통 자신이 아닌 다른 사람에게도 이로운 가치를 고려하지 않아 사회에 부정적인 영향을 미칠 수 있습니다. 가령 워싱턴 시市에서 활동하는 이익집단이 자신들의 요구 사항이 사회 전반에 미칠 영향에 대해 고민한다는 소식은 들어보시지 못했을 거예요. 권위는 자기 개인의 이득보다 고차원적인 가치를 찾아내고 표현하는 이들에게 찾아옵니다. 일상생활에서, 특히 아이들과 함께 있을 때 이를 실천하려면 큰 노력을 들여야 합니다. 무엇보다도 아이들의 행동을 교정하고자 개입할 때마다 자신이 존중, 규율, 사랑, 관용과 같은 가치 체계에 따라 행동하고 있는지 분명히 확인해야 합니다. 철학이 없을 때 우리의 통솔력은 체계적이지 않고 그때그때의 상황에만 반응하는 것으로 전락합니다. 진정 고차원적인 가치에 헌신한다는 건 곧 몸소 그 가치에 따라 산다는 뜻입니다. 아이에게 "날 따라

하진 말고 내가 시키는 대로 해"라고 말하는 순간 우리의
신뢰성에는 즉각 금이 가고 맙니다.

　개인의 자유를 향하는 추동력은 역행할 수 없어요. 역
행되어서도 안 되지요. 우리는 과거의 생활 방식으로 돌
아갈 수 없습니다. 그러나 자유를 향하는 추동력이 젊은
이들에게서 권위를 인정하는 존중을 앗아가고 늙은이들
에게서 권위를 행사할 의지를 꺾어야 한다는 건 아닙니
다. 이제 권위는 모든 사람이 자기 안에서 의식적으로 키
워야 하는 것입니다. 우리 사회 전체의 미래가 여기에 달
렸습니다. 선택받은 소수에게만 권위가 있던 시절은 이
미 지났어요(예컨대 인터넷에서 얻을 수 있는 의학 정보가 환
자와 의사의 관계에 어떤 영향을 미쳤는지 생각해 보세요). 모
든 사람이 자기 권위를 키울 때 비로소 평등한 이들로 구
성된 진정한 공동체가 탄생할 수 있습니다. 이 공동체에
서는 고차원적 가치를 정하고 그 가치에 헌신할 때 자신
의 몫을 한다 말할 수 있습니다. 그렇게 모든 개인 한 사
람 한 사람이 변화를 일으키는 주체가 될 것입니다. 우리
모두에게 이런 미래를 이루어내야 할 책임이 지워져 있

지요. 그러나 우리가 내디딜 첫 발짝은 오로지 우리 안에서만 찾을 수 있습니다.

곁에 있는 사람을
사랑하는 법

우리 문화에서는 끊임없이 더 유리한 거래를 추구합니다. 더 큰 집, 더 빠른 차, 더 명예로운 직업을 추구하는 게 하늘에서 부여받은 우리의 권리라고 생각하지요. 더 좋은 걸 얻어내라는 맹목적 힘에 떠밀려 우리는 계속 바깥을 향해 손을 뻗습니다. 그러다 보면 무언가 놓치리라는 두려움이 엄습해 와서 정신없이 달리다가 결국 감정적으로 소진되어 버리지요. 그 뒤에 남는 건 내면의 공허함입니다.

지금보다 더 좋은 걸 쟁취하려는 끝없는 욕심은 친밀한 관계에서 가장 파괴적인 형태로 나타납니다. 더 좋은 차를 바라는 것과 더 좋은 아내나 남편을 바라는 건 완전히 다른 이야기입니다. 소유하고 판단하는 습관을 그게 어울리지 않는 사랑의 영역에까지 적용하고 만 것이지요.

한때 나를 찾아온 내담자였던 30대 중반 남자 배우에게서 그 극단적 사례를 목격한 적이 있습니다. 그는 슬하에 두 자녀를 두고 행복한 결혼 생활을 영위하고 있었지만 경력은 몇 년째 지지부진했어요. 그러던 어느 날 그가 주연을 맡은 영화가 난데없이 대성공을 거두었습니다. 그는 일약 영화계의 스타가 되었지요. 그러나 안타깝게도 스타가 될 감정적 준비는 되어 있지 않았습니다. 그가 당장 더 좋은 집으로 이사하고, 탐내던 장난감 몇 개를 장만한 건 충분히 이해할 수 있는 일이지요. 하지만 거기서 만족하지 않고, 내게 "더 나은 아내를 얻는 것"에 관해 이야기하기 시작했어요. 그의 비틀린 보상 심리가 자신이 새롭게 성공을 거머쥐었으니만큼 결혼이라는 분야에서도 더 많은 걸 얻을 자격이 있다는 결론을 내놓은 것이지요. 그는 경력이 다시 꺾이고 '기회의 창'이 닫히기 전에 행동에 나서야 한다며 서두르고 있었어요.

 가장 충격적이었던 부분은 그가 새로이 맞아들일 아내에 대해 품고 있는 환상이었습니다. 그는 부유하고, 유명하며, 놀랄 만큼 매력적이고, 제트기를 타고 세계 곳곳의 사교 모임에 참석하는 생활을 영위하는 여자를 바랐어요. 현재 자기 아내가 아름답고, 애정이 풍부하며, 나름대로 창의적이라는 사실을 인정하지 않은 건 아니었습니다. 그러나 현재 아내의 인간적인 매력은 환상 속 새 배우자 앞에서 빛이 바랬지요. 그는 신예 스타의 지위를 내세워 말을 섞을 수 있게 된 유명한 여자 배우 사이에서 이상형을 물색하고 나섰습니다. 멀리서 보면 그들은 하나같이 괜찮은 후보인 듯했지요. 하지만 당연히 가까이서 보면 그들 역시 여러 결점이 있어서 그가 꿈꾸던 이상적인 배우자감은 아니었어요. 새 아내 찾기에 열중하던 그에게 결국 아내의 이혼 소장이 날아왔습니다. 고작 몇 달 후 그는 아내에게 자신을 다시 받아달라고 애걸하게 되었지요. 아내는 그를 용서했습니다. 그제야 그는 성숙한 관계에 필요한 게 무엇인지 진정으로 이해하기 시작했지요.

이 남자는 환상을 찾아 헤매다가 자칫하면 건실한 결혼 생활을 망가뜨릴 뻔했습니다. 그가 환상 속 배우자에게 원한 자질이 구체적으로 무엇이었는지는 중요하지 않아요. **그가 정말로 찾고 있던 건 현실의 속성을 바꾸어줄 마법적 능력이었으니까요.**

현실은 불확실하고, 자주 고통스러우며, 우리에게 쉼 없이 무언가를 요구합니다. 현실은 무엇보다도 우리에게 노력을 요구합니다. 우리가 속한 소비문화에서는 어떤 제품에 현실을 바꿀 마법이 있으니 그 제품을 소유해서 그 힘을 누리라며 광고합니다. 그런 문화에서 살아가는 우리가 마법이 실제로 존재한다고 믿으며 그것을 찾아 나서는 건 어찌 보면 당연한 일입니다. 우리는 현실 자체에서 우리를 해방해 줄 누군가를 꿈꾸지요. 지금과는 달리 언제나 좋은 기분으로 인생을 쉽게 살 수 있는 새로운 우주로 인도해 줄 누군가를 찾아 헤맵니다. 문제는 세상의 그 어떤 인간에게도 이럴 힘은 없다는 것입니다. 아무리 매력적인 사람일지라도 마찬가지예요. 우리가 할 수 있는 일은 결점이 있는 또 다른 인간에게 자신이 바라는 마법적 능력을 **투사**하는 것뿐입니다. 그러나 그 인간과 얼마간 시간을 보내고 나면 반드시 실망하게 되지요. 우리 자신과 마찬가지로 상대에게도 마법 따위는 없으니까요. 어째서 매번 이런 일이 일어나는 걸까요?

영화를 상영하는 영사기를 생각해 보세요. 화면은 영사기에서 어느 정도 거리를 두고 설치해야 합니다. 너무 가까우면 상이 맺히지 않거든요. 사람도 이와 같아서 마법적 속성을 투사하려면 얼마간 거리가 있어야 합니다. 상대를 알아갈수록 감정적 거리는 사라지고, 그와 더불어 이미지도 사라집니다. 상대가 가까워지면 우리는 그를 있는 그대로 보게 되지요. 그리고 크게 실망합니다. 그래서 또 다른 사람을 찾아서 원하는 이미지를 투사합니다. 다른 사람과 이미 결혼한 사람, 우리에게 관심이 없는 사람, 만나본 적조차 없는 사람 등 손에 넣을 수 없는 사람일수록 더욱 좋습니다. 그래야만 거리를 유지하고 꿈을 지켜낼 수 있으니까요.

대부분은 결국 절대적으로 우월한 배우자라는 건 존재하지 않는다는 걸 깨닫습니다. 그 지점에서 지금 자기 곁에 있는 사람과 맺은 관계를 잘 풀어나가려 노력하고 현실적인 사랑이 무엇인지 이해하려는 의지가 생겨나지요.

간단하게 말해서 사랑은 과정입니다. 모든 과정은 결코 완벽에 도달할 수 없기에 끝없는 노력을 요구하지요. 이 사실이 우리에게 아주 짜릿하게 느껴지지는 않을 것입니다. 하지만 노력이야말로 행복으로 향하는 첫걸음이지요. 현재의 관계에 만족하려는 노력은 피아노를 연습하거나 정원을 돌보는 데 드는 노력과 비슷합니다.

여기에는 영감도 어느 정도 필요합니다. 지금의 관계를 가꾸고 지키려는 노력이 우리에게 실질적으로 이롭다고 느끼고, (노력 그 자체가 성공이기는 하지만) 성공할 가능성이 있다고 믿어야 하지요. 그런 믿음이 없으면 쉽게 노력을 그만두고, 또다시 먼 거리에서 미지의 상대에만 깃들 수 있는 마법을 찾아 지금 자신이 맺고 있는 관계 밖으로 눈을 돌리게 됩니다. 관계를 위해 노력해야 할 영역과 그에 효과적인 도구 몇 가지를 소개합니다.

환상 통제

다른 상대에게 환상을 품는 건 인간의 본성입니다. 단순히 상상은 자유이며, 무해한 오락에 불과하다고 치부하기 쉽지요. 보통은 그 생각이 맞아요. 하지만 어느 선을 넘으면 환상은 지금 자신이 놓인 관계를 방해하는 걸림돌이 됩니다. 환상이 지나치게 길고 복잡하거나 배우자와 맺은 관계에서 느끼는 불만족을 해소하는 수단으로 사용되거나 현실과 전혀 무관할 경우, 환상이 우리 통제에서 벗어났다는 걸 알아차릴 수 있습니다. 환상은 이미지로 구성되어 있기에 감정적 에너지를 아주 많이 소모합니다(우리가 영화 보는 걸 그토록 좋아하는 이유와 같지요). 실제 배우자가 아니라 마법적인 상대와 누리는 환상의 삶에 더 많은 에너지를 쏟을수록 현실의 배우자와 현실의 인생에 쏟을 에너지는 줄어들지요. 한번 솔직해져 봅시다. 뜬구름을 잡는 데 얼마나 긴 시간을 보내고 있나요? 다른 상대에 대한 환상을 통제하지 못하는 사람은 알고 보면 무척 흔합니다. 여기서 필요한 건 환상에서 빠져나오려는 의지를 키우는 것입니다. 물론 가장 강렬한 유형인 성적 환상도 빠져나와야 할 환상에 포함됩니다. 처음에는 고작 환상조차 허락받지 못하는 게 억울하다고 느낄지 모르겠어요. 그러나 환상에서 벗어나 우리가 발붙인 현실로 돌아올 때마다 자신이 현실을 직면할 만큼 단단하게 중심 잡힌 어른이 되었다는 느낌을 받을 것입니다. 여기서 자신에 대한 만족감이 생겨나지요. 이것이야말로 어떤 상대와 맺은 관계에서든 만족하려면 선행되어야 할 전제 조건입니다.

평가

우리의 환상에 강한 힘이 있다는 사실을 받아들이기는 제법 어렵습니다. 우리의 평가에 깃든 힘을 받아들이기는 그보다도 더 어렵고요. 손에 넣을 수 없는 상대에 대해 생각할 때, 그의 지성과 성격과 성적 매력 등을 긍정적으로 평가하게 됩니다. 그러나 진실은 그런 평가가 단순히 감정을 근거로 내려진 판단에 불과하며 종종 거짓이기까지 하다는 것입니다. 우리가 자기 배우자에 대해 내리는 평가조차 대부분 객관적 진실보다는 주관적 **생각**에서 비롯합니다. 우리의 에고는 우리가 내리는 평가 대부분이 주관적이며 본질적으로 '옳지' 않다는 생각을 모욕으로 느끼지요. 그러나 이 사실을 인정하면 우리가 맺는 관계를 굳건하게 만드는 생각을 자유롭게 선택할 수 있게 됩니다. 우선 자기 배우자를 부정적으로 평가하는 행동을 통제해야 합니다. 관계가 발전하는 과정에서 상대의 결점이 명확히 드러나면 보통 상대의 약점에 집중한 나머지 점점 더 부정적인 생각에 빠져들지요. 그러나 그 부정적 평가는 상대가 완벽하지 않다는 데서 느끼는 실망감이 낳은 산물일 뿐이지 객관적 진실이 아닙니다. 사랑을 해나가는 과정에서 자신이 부정적인 생각에 빠져들고 있다는 걸 알아차렸다면 그 생각을 마음에서 없애고 대신 긍정적인 생각을 채워 넣어야 해요. 상대의 장점을 적극적으로 찾아보고, 그 장점에서 새로이 상대의 매력을 느껴보는 겁니다. 이러한 노력에는 보상이 따릅니다. 상대에게 느끼는 만족감이 높아질뿐더러 정신적인 자기 통제력도 강해질 것입니다. 그럼으로써 남은 인생을 감정적으로 안정된 상태에서 더 자신감 있게 살아갈 수 있는 내면의 힘을 얻게 됩니다.

감정 표현

우리는 실제 배우자에게 느끼는 기분을 근거로 상대에

게 감정을 표현한다고 믿습니다. 하지만 역으로 우리가 표현하는 기분이 상대에게 느끼는 감정을 **결정**하기도 합니다. 사실입니다. 다음 실험을 한번 시도해 보세요. 배우자와 함께 있을 때, 특히 단둘이 있을 때 상대가 이루 말할 수 없을 만큼 소중한 존재인 것처럼 대화를 걸고 스킨십을 해보세요. 마음속으로 느끼는 것보다 좀 더 큰 열정을 담아서 행동해 보세요. 일주일 동안 이를 꾸준히 실천하는 겁니다. 결과적으로 상대가 더 매력적으로 느껴질 거라 보장합니다. 긍정적인 감정을 꾸준히 표현하는 데서 어떤 효과가 일어나는지를 일단 체험해 보면 그것이 사랑의 과정에 필수적임을 받아들이게 되지요. 상대는 우리가 얼마나 노력했는지 체감하고, 우리에게 보답하려 할 것입니다. 그러므로 우리는 감정을 표현함으로써 관계를 개선했을 뿐 아니라 감정 표현의 힘을 빌려 타인에게 영감을 주는 방법도 익히게 된 셈입니다.

지금까지 우리는 사랑이 절제와 노력을 엄청나게 요구하는 거라고 생각하도록 배우지 않았습니다. 하지만 좋든 싫든 그것이 사랑의 현실이지요. 현재 관계에 충실하려는 노력을 기울이기 시작하면, 우리가 맺은 관계 안에서 앞으로 나아가는 움직임이 느껴지고, 그 관계의 미래에 대해 희망을 품게 됩니다. 그 결과 우리는 관계에서 더 높은 차원의 목적을 발견하게 되지요. 지금 우리 앞에는 사랑이 요구하는 끝없는 노력을 실천할 기회가 놓여 있습니다. 사랑에 기울이는 노력이야말로 우리에게 가장 많은 걸 가르쳐주는 스승이지요.

물고기가 날 수 있다고 해서 자유로운 게 아닙니다.
그것은 물고기가 아니라는 뜻이지요.
물고기는 자신이 원하는 방향으로
헤엄쳐 갈 수 있을 때 자유롭습니다.

4장

내 삶에 더 큰 힘을 들이는 법

우리가 세상에 나아가 활동하는 목적은

외적인 성공의 기준을 충족하는 게 아니라

자기 그림자를 드러내고 그것을 수용하는 방법을 배우는 것입니다.

그렇게 우리는 남들에게 어떻게 보일지 전전긍긍하는

걱정의 횡포에서 해방되어 자신을 마음껏 표현하게 됩니다.

그림자를
사랑하는 연습

●   연기 강사인 내 친구는 할리우드 거물 배우 여러 명을 지도했습니다. 어느 날 밤 우리는 똑같이 재능이 있어도 왜 누구는 스타가 되고 누구는 되지 못하는지에 대해 논하고 있었지요. 신의 변덕 때문일까요? 뜻밖의 행운 때문일까요? 친구가 자기에게 재능 있는 젊은 연기자 몇 사람을 보여주면 그중 누가 성공할지 예측할 수 있다고 장담했어요. 나는 웃으면서 언제 점쟁이가 된 거냐고 물었지만, 그는 진지했습니다. 성공과 실패를 가르

는 요인은 다름 아닌 연기자의 성격이라는 거예요. 그가 보기에 비밀은 바로 오디션에 임하는 태도에 있었습니다. 나도 여러 연기자를 내담자로 만나보았기에 오디션이 그들에게 얼마나 어려운 경험인지 압니다. 낯선 사람들로 가득한 방 안에 걸어 들어가서 신호가 떨어지면 그들 앞에서 자기 영혼을 까발려야 하지요. 5분 만에 사람들에게 감명을 주어야 해요. 그것도 여간해서는 눈 하나 깜짝하지 않는 사람들에게 말입니다. 오디션은 분명히 아주 어려운 과제에 속합니다. 그러니 당연하게도 연기자들은 오디션을 좋아하지 않지요. 하지만 남들보다 오디션에 훨씬 잘 대처하는 연기자들이 있습니다. 친구에 따르면 그런 사람이야말로 스타가 될 재목이랍니다. 그들은 다른 건 다 천차만별이어도 한 가지 공통분모가 있었습니다. 오디션을 얼마나 잘 준비했는지는 문제가 아니었지요. 핵심은 오디션이 끝나고 나서 스스로에게 보이는 반응이었습니다. 대부분의 동료 연기자와는 달리 그들은 절대 자기 자신을 비난하는 법이 없었어요. 일이 잘 풀리지 않았더라도 스스로 잘했다고 다독일 방법을 어떻게든 찾아냈지요. 친구는 그들을 두고 "자기 자신을 공격하는 유전자가 없는 사람"이라고 일컬었습니다. 그 말에 곧장 수긍이 갔습니다. 경기가 끝나면 탈의실로 가서 자기 얼굴을 마구 때리는 권투선수가 있다고 상상해 보세요. 그 선수는 오랫동안 선수 생활을 해나갈 마음이 들지 않을 겁니다. 경기가 끝나고 나서도 자기 자신에게 얻어맞아야 한다면 그 과정이 너무 무서울 테니까요. 그러나 성공하는 연기자는 오디션을 마친 자신에게 친절하게 대함으로써 자기도 모르게 벌써 다음 오디션을 맞이할 준비를 하고 있었습니다. 그는 자신이 통제할 수 있는 유일한 변수에 노력을 쏟은 것이지요. 그 변수란 자기 자신을 대하는 태도입니다.

현대인이 살아가는 삶은 하나의 큰 공연과 같습니다. 우리는 학교에서, 일터에서, 친구로서, 부모로서 자신을 쉼 없이 평가합니다. 소셜미디어는 우리 눈앞에 완벽한 이미지를 들이밀며 상황을 악화시킬 따름이지요. 친구가 묘사한 연기자들처럼 자기 자신에게 친절한 사람은 드뭅니다. 우리는 자신을 신랄하게 평가하고, 자신이 모자란다는 생각에 사로잡혀 있지요. 실수하거나 나쁜 습관에 빠져들면 스스로를 꾸짖음으로써 잘못을 교정하도록 배웠습니다. 하지만 그런다고 해서 실상 나아지는 건 없어요. 상황은 오히려 더 나빠질 뿐이지요. 다음 날이면 자신이 세운 기준이 너무 가혹한 것에 반발해, 엄격한 부모에게 반항하는 10대와 다름없는 태도를 보이게 됩니다. 단, 이때 엄격한 부모는 우리 자신입니다. 우리의 반항은 전날 그토록 호되게 비판받은 행동을 다시 반복하는 형태를 띱니다. 그렇게 우리는 끝없는 악순환에 빠지고 말지요.

꾸준히 자신에게 공격받은 끝에 우리는 남모르게 열등감을 키우고, 새로운 일에 도전할 자신감을 잃게 됩니다. 대부분의 사람은 습관적인 자기 공격에서 비롯한 피해를 당연하게 취급하며, "나는 원래 그래"라고 결론지어 버리지요. 하지만 반드시 그래야 하는 건 아닙니다. 누구든지 파괴적인 순환의 고리에서 빠져나올 방법이 있어요. 이른바 '자기애self-love'를 실천하는 것입니다. 자기애라는 단어는 들어본 적이 있을 겁니다. 오프라 윈프리가 진행하는 것과 비슷한 유형의 프로그램이나 자기 계발서에 단골로 등장하는 개념이니까요. 솔직히 털어놓자면 나는 그 개념이 언제나 불편했습니다. 자기애라는 단어 자체가 사카린을 뿌린 듯 지나치게 감상적이며, 현실과 단절되어 있는 모호하고 기분 좋은 상태를 함의한다고 느꼈지요. 내 머릿속에서 자기애는 부정확한 심리학적 담론의 목록에 속했습니다. 듣기에는 좋아도 구체성이 없어서 어디로도 향하지 못하는 개념이라고 생각했어요.

여러 해가 지나서야 자기애의 진정한 의미를 밝혀낼 수 있었습니다. 이제는 자기애가 인간의 발달에서 가장 강력한 요인 중 하나라는 걸 압니다. **자기애는 자신의 가장 열등한 부분을 받아들이는 과정입니다.** 자신의 잘난 부분이야 누구든지 받아들일 수 있습니다. 그보다 쉬운 일은 없지요. 그러나 우리가 수치스러워하는 부분, 융이 '결코 그렇게 되려는 마음이 없지만 절대 없앨 수 없는' 부분으로 정의한 '그림자'를 받아들이는 데는 노력이 필요합니다. 우리의 그림자는 신장, 가문, 대학 입학시험 점수, 심지어 알코올중독 환자라는 사실일 수도 있지요. 자신에게 있는 그림자가 구체적으로 어떤 것인지는 중요하지 않아요. 인간은 우주에서 연약하고 일시적인 존재이므로 우리가 열등하다고 느끼는 건 자연스럽습니다. 그런데 우리는 그럴듯한 허울을 내세움으로써 그 사실을 세상에 그리고 자기 자신에게 숨기려 해요. 적당한 차를 몰고, 적당한 몸매를 가꾸고, 적당한 학교에 아이들을 보내면 되리라고 생각하지요. 하지만 허울은 반드시 찢기기 마련이라 열등한 자신이 드러나는 그 순간 늘 그랬듯이 우리는 자신을 공격합니다. 자기비판은 우리 자신에 대한 망상을 충족하지 못한 실패에 따른 반응입니다. 하지만 알고 보면 실패하는 순간이야말로 우리 인생에서 가장 중요한 순간이지요. 꼭꼭 감추어온 우리의 그림자가 밖으로 드러나는 순간이니까요. 실수와 실패는 필연적으로 사랑을 불러옵니다. 실패하는 순간에 자기 그림자를 사랑하는 법을 배우면 그때 우리는 비로소 온전해집니다. 그리고 온전한 자신을 받아들이는 데서 오는 자신감을 누리게 됩니다.

자기비판이라는 습관에서 벗어나 자신을 사랑하는 데 도움이 되는 방법을 소개합니다. 처음부터 끝까지 몇 초밖에 걸리지 않아요. 우선 우리의 열등한 버전을 상상해보세요. 우리의 약점과 단점을 전부 담은 분신을 그려보는 겁니다. 그것이 우리의 그림자입니다. 그림자는 더 어리고 자신감 없는 모습으로 나타날 수 있습니다. 이제 살아가면서 열등감을 느끼거나 거부당하거나 불안했던 어느 시점으로 돌아가 보세요. 이때 우리의 그림자가 어떤 모습으로 나타나든 심려치 마세요. 이 작업을 할 때 그림자가 외형을 바꾸는 일은 흔합니다. 중요한 건 그림자를 생생하게 상상해서 진짜로 살아 있는 존재처럼 느끼는 것입니다. 그림자의 존재가 우리를 불편하게 한다면 잘하고 있는 겁니다. 다음으로 우리의 그림자를 무조건 수용합니다. 오로지 사랑으로써만 이렇게 할 수 있습니다. 우리의 마음이 점점 커져서 그림자를 향해 순수한 사랑을 보내는 걸 느껴보세요. 시간이 넉넉하다면 그림자를 꼭 안아주거나 다정한 말로 안심시킬 수도 있지요. 이 경험은 자녀를 달래주는 것과 비슷합니다. 그때처럼 열심히 자신을 품어주세요. 처음에는 너무 감상적인 소리로 들릴지도 모르겠지만 꾸준히 실천하면 놀랄 만큼 현실적으로 느껴질 것입니다.

자기애에는 삶의 모든 걸 바꿀 힘이 있습니다. 타인의 반응 앞에서 더 단단해집니다. 더 대담해지고 더 여유로워집니다. 실수해도 훨씬 빠르게 회복합니다. 그러나 이런 힘을 얻기란 쉽지 않아요. 자기애가 무엇인지 이해하고 도구를 몇 번 사용하는 것만으로는 아무것도 달라지지 않지요. 자기애는 엄격한 규율에 따라 실천해야 합니다. 내가 사는 캘리포니아주에서는 여러 학교에서 진행하는 새로운 '자존감 운동'을 비판하는 목소리가 높았습니다. 비판하는 사람들은 학교가 아이들에게 열심히 노력하는 것보다 자신에 대해 좋게 느끼는 것이 더 중요하다고 가르쳐서 그 결과 아무런 기준 없이 행동하는 걸 묵인하게 되었다고 주장합니다. 다소 과장된 주장일지 몰라도 자존감을 규율의 대안으로 내세우는 건 거부해야 마땅합니다. 진정한 자기애의 실천은 규율 없이 사는 것과는 정반대입니다. 자기애와 그것을 바탕으로 피어나는 자존감은 규율 없이 존재할 수 없어요.

자기애는 그냥 포기하고 그래도 괜찮다며 자신을 다독이는 게 아닙니다. 그것은 단순히 부정입니다. 애초에 노력하지 않은 사람은 실패를 받아들이는 데서 아무런 의미도 얻지 못해요. **게을러서 자기 삶에 헌신하지 못하는 사람에게는 자신을 진정으로 사랑하는 데 필요한 에너지**

가 없습니다. 자기애는 자기도취와도 다릅니다. 자기에게 도취한 나르시시스트는 절대 자신의 그림자를 받아들이지 못하고 사랑하지 못하지요. 오히려 자신에게는 결점이 없다고 믿고 싶어서 끝없이 외부의 관심을 갈구합니다. 자기 약점을 인정할 용기도, 약점을 받아들이는 법을 배울 절제력도 없습니다. 나르시시즘은 일종의 영적 게으름입니다. 모든 사랑에는 노력이 필요합니다. 자신을 사랑하는 데는 더욱 큰 노력이 필요하지요. 자신이 싫어하는 부분을 사랑하는 법을 배우려면 진정한 노력이 필요합니다.

자신을 사랑하려고 노력할 때 우리는 대단한 보상을 거두어들이게 됩니다. 그 보상이란 마음이 열리는 거예요. 우리의 마음에는 머리에는 없는 힘이 있습니다. 자기 자신을 공격할 때 우리는 순전히 우리의 머릿속에만 갇혀 있지요. 우리의 평가에 자기 자신을 가둔 셈입니다. 그렇게 우리는 심하게 제약된 세상에서 살아가게 되며, 그 탓으로 자기 잠재력 또한 제한된 관점으로 보게 됩니다. 마음을 작동하게 하는 연료는 판단이 아니라 사랑이지요.

사랑은 한계를 모르며, 우리에게 무엇이든 할 힘을 줍니다. 진정으로 스스로를 사랑할 때 그 무엇도 우리를 멈추게 할 수 없습니다.

모든 것을
잃을 의지

        빈스 롬바디Vince Lombardi는 역사상 가장 존경받은 미식축구 코치입니다. 롬바디가 이끈 그린베이 패커스Green Bay Packers*는 1960년대에 감히 누구도 대적할 수 없는 우승 기록을 자랑했지요. 선수들에게 영감을 불어넣는 능력이 탁월했던 롬바디는 오늘날의 코치들에게도 여전히 롤모델입니다. 롬바디는 엄격하기로 유명했으

---

* 위스콘신주 그린베이를 연고로 하는 아메리카프로미식축구리그 소속 팀

며 선수들에게 문자 그대로 '이겨야 한다'고 고집했어요. 패배는 용납하지 않았습니다. 전해지는 이야기에 따르면 롬바디의 신조는 이러했습니다. "승리는 전부가 아니다. 승리는 유일한 것이다." 롬바디가 실제로 이런 말을 했는지는 알 수 없지만, 이 선언은 현대 미국을 정의하는 개념으로서 불멸의 지위를 얻게 되었지요. 미국인이 섬겼던 신 가운데 농구선수 마이클 조던이 있습니다. 조던은 외모가 출중하고 총명하며 매력적인 인물이었지요. 하지만 조던이 과거에(지금도 여전히) 그토록 숭배되는 이유는 아무리 심한 압박이 있어도 패배하지 않고 승리하는 능력 때문이었습니다. 대기업들은 언제나 승리하는 조던의 이미지와 동일시될 수만 있다면 돈을 얼마든지 낼 용의가 있었어요. 조던이 과거에 찍은 광고들은 승리의 영광에 바치는 매끈하고 아름다운 찬사입니다.

이렇게 승리에 집착하는 풍토는 스포츠를 왜곡했습니다. 하지만 아무도 이 점을 진지하게 문제 삼지 않아요. 프로 팀은 승리에 조금이라도 보탬이 되리라는 판단이 서면 선수에게 어떤 문제가 있든 눈감고 기용합니다. 올림픽에 출전하는 선수들은 기량을 높이려고 불법 약물에 꾸준히 손을 댑니다. 평소에는 멀쩡히 제정신으로 살아가는 부모들조차 티볼** 경기에서 일곱 살 먹은 자녀의 팀이 지고 있다는 이유로 심판을 공격합니다.

승리 우선주의에 물든 영역이 스포츠뿐이었다면 차라리 낫겠지요.

그러나 안타깝게도 승리가 최고의 선이라는 생각은 비단 스포츠뿐 아니라 우리 삶의 모든 면면에 적용되고 있습니다. 승리 우선주의는 어느덧 우리 사회의 철학으로 자리매김했습니다. 위에서 들려준 이야기처럼 아이를 하버드대학교에 입학시키려는 욕심에 유치원부터 최고 좋은 곳으로 보내려고 미친 듯이 노력하는 부모들, 분기 실적발표기간에 월가街를 실망시키지 않으려고 장부를 조작하는 기업 임원들, 흥행을 보장하고자 폭력이 난무하는 저질영화를 찍는 영화사 임원들… 그들은 단순히 성공하려고 노력하는 걸 넘어 성공에 집착하고 있지요. 정말로 그들에게 성공은 '유일한 것'이 되었습니다. 그들은 세상의 무엇도 승리보다 중요할 수 없다는 현대철학을

** T 자 형태의 막대기 위에 올려놓은 공을 타자가 치고 달리는 야구를 변형한 구기 종목

몸소 실천하고 있습니다.

이런 믿음은 우리 삶 깊숙이 뿌리내려 있기에 웬만해서는 누구도 의문을 제기하지 않습니다. 하지만 우리는 반드시 질문을 던져야 합니다. 균형을 잃고 이기는 일에만 집중할수록 오히려 더 많은 걸 잃게 될 테니까요. 이때 우리가 이기려 하는 분야가 무엇인지는 상관없습니다. 문제는 승리를 우선으로 하는 철학 탓에 우리 정신 상태가 달라진다는 겁니다. 승리해야 한다는 강박에 사로잡힐 때 우리는 목표에 심하게 집착한 나머지 그것을 생사가 걸린 문제로 여기게 됩니다. 결과적으로 우리는 경력이든 돈이든 명성이든 타인이든 간에 **우리 바깥의 존재**에 주의를 온통 빼앗기게 되지요. 이것을 집착 상태라고 합니다. 자신이 한 가지에 대해 너무 오랫동안 생각하고 염려한다면 집착 상태에 빠졌다고 생각해도 좋아요. 집착 상태야말로 진정한 상실 그 자체입니다. 불교에서는 집착을 모든 고통의 근원으로 지목하고 있습니다.

집착 상태에서 우리는 무엇을 잃게 될까요? 집착할 때 우리는 우리 자신보다 더 큰 모든 것과의 연결을 잃게 됩니다. 우주를 하나의 의미 있는 전체로 묶어주는 고차원적 힘을, 인간이 연결되지 않고서는 결코 행복해질 수 없는 그 힘을 잃게 됩니다. **그 힘은 사물에 존재하지 않아요.** 사물은 한자리에 고정되어 있으나 그 힘은 순수한 움직임에 실려 있지요. 우리가 한 가지에만 매달릴수록 우리에게 필요한 정신적 에너지에서는 더 멀어지게 됩니다.

고차원적 힘과 단절되었을 때 최악의 경우 사회 자체가 무너집니다. 모두 이기는 데만 급급하면 자연히 자신만을 생각하게 되지요. 그래서 오늘날 우리는 갈수록 서로 멀어지고 있습니다. 승자는 패자에게 마음을 쓰지 않습니다. 20세기 초에 인류는 과학으로써 물질세계에서 '승리할' 수 있으리라고 믿었습니다. 사회와 경제를 비롯해 인간의 제반 문제에 '과학적' 해법이 존재하리라고 믿었어요. 그러나 실제로 20세기에 어떤 일이 일어났나요? 세계사에서 전례 없는 악행과 살인이 횡행했습니다. 자신의 에고보다 더 큰 것을 인지하는 감각을 놓쳤을 때 인류는 모든 자제력을 잃고 자신마저 파괴할 뻔했지요.

그다음 세기에 도착한 지금, 인류는 고차원적 힘에 다시 연결되지 못하면 소멸하고 말 겁니다. 우리가 개인적 욕구와 집착을 넘어 움직이게 하고 서로 돌보도록 영감을 주는 건 오직 고차원적 힘뿐입니다. 이 힘은 법으로 정할 수 없고, 사거나 팔 수도 없으며, 대규모로 생산할 수도 없어요. 새 시대를 맞은 개인이 한 사람 한 사람씩 이런 영적 에너지를 세상으로 끌어올 도리밖에 없습니다. 이 지점에서 위대한 역설이 드러납니다. 우리가 고차원적 힘과 다시 연결되는 방법은 이기는 게 아니라 지는 것, 얻는 게 아니라 잃는 것이거든요. 지금까지 우리가 세상을 보아온 관점과는 정반대라서 처음에는 그저 미친 소리로 들릴지도 모릅니다. 하지만 잃어버린 대상이 아니라 잃어버렸기에 우리가 놓이게 된 상태에 집중하면 이 말이 어떤 의미인지 알 수 있을 것입니다.

집착하는 상태에서는 집착하는 대상이 궁극적 현실이 됩니다. 그 대상이 무엇이든 어떤 대상에 집착하게 되면 우리는 그 한 가지가 다른 무엇보다도 더 귀중한 세계에 들어가게 됩니다. 그렇게 집착은 우리를 고차원적 힘이 존재하지 않는 세상에 가두어버려요. 집착하는 대상을 잃었을 때만 우리는 그 공허한 세상에서 풀려날 수 있습니다. 그제야 우리는 사물이 아니라 영적인 힘으로 이루어진 살아 있는 세상에 들어갈 수 있지요. 이것이 상실의 비밀입니다. 상실 덕분에 우리는 온 세상을 얻게 되지요. 사물의 세계는 제한된 세계입니다. 한 사람이 얻으면 다른 사람은 잃게 되어 있습니다. 우리는 모두 한정된 자원을 두고 다투는 경쟁자입니다. 그러나 고차원적 힘의 세계는 무한합니다. 오직 그곳에서만 우리는 모두 함께 이길 수 있어요. 다 함께 성공할 수 있어요. 서로 찢어발길 듯 죽어라 싸우지 않아도 됩니다.

대부분의 사람은 상실하는 경험을 하더라도 그로써 영적 잠재력을 활용하는 데 실패합니다. 우리는 얻는 데만 집중한 나머지 잃는 법을 알지 못하거든요. 이것은 비극입니다. 보통의 사람은 될 수 있는 한 오랫동안 상실을 피하거나 무시하려고 할 것입니다. 그러나 언젠가 한 번은 압도적인 상실을 겪게 될 테고, 그 탓으로 의기소침해지고 심지어는 무력해질 것입니다. 상실을 적극적으로 수용하는 방법을 모르거든요.

상실을 수용하려면 해야 하는 일은 세 가지입니다.

- 상실을 삶의 불가피한 일부로 받아들이기

- 상실에서 고차원적 힘을 얻을 가능성 인식하기
- 상실이 일어나는 그 순간에 상실 경험을 처리할 능력 키우기

상실을 처리할 적절한 도구가 있다면 무언가 잃는 경험을 새로운 우주 전체를 얻는 경험으로 바꿀 수 있습니다. 이 도구는 우리가 감내해야 하는 모든 상실의 배후에 무한한 힘이 존재한다는 사실을 활용합니다. 상실 뒤에는 우주의 모든 걸 창조하는 바로 그 힘이 도사리고 있지요. 그 힘을 신이라고 불러도 좋고, 다른 무엇이라고 불러도 좋아요. 새로이 창조하는 데 그 힘은 상실과 파괴를 필요로 합니다. 우리가 경험하는 모든 상실은 그 고차원적 힘과 관계를 형성할 기회입니다. 그런데 우리는 자꾸만 그 힘과 흥정을 시도하려고 해요. "내 직업은 빼앗길 수 있어도 내 아내는 빼앗길 수 없어요." 이런 식으로 말입니다. 그러나 온 우주를 움직이는 원동력을 인간과 같은 수준에 두어서는 안 될 일입니다. 흥정할 생각은 그만두고 그 힘에 온전히 굴종하는 법을 배워야 합니다.

굴종을 배우는 유일한 방법은 기꺼이 모든 걸 잃겠노

라는 의지를 가지는 것입니다.

그것이 열쇠입니다.

상실을 올바로 처리하는 방법을 어떻게 연습해야 하는지 알려드리겠습니다. 제일 먼저 눈을 감고 애착을 품은 무언가에 집중하세요. 돈, 지위, 건강… 무엇이든 좋아요. 그것을 손에 꼭 쥐고 있는 모습을 상상하는 겁니다. 그러다가 갑자기 그것을 탁 놓아버리면서 자기 자신에게 말하는 겁니다. "내겐 이 돈을 잃을 의지가 있다." 동시에 자신이 추락하고 있다고 상상하세요. 이때 우리가 느끼는 감각은 벼랑 끄트머리에 가까스로 매달려 있다가 갑자기 손을 놓아버린 것처럼 유쾌하고 자유로워야 합니다. 추락하면서 아래를 보니 태양이 있습니다. 태양을 향해 떨어지고 있다고 상상하세요. 태양의 표면에 부딪히는 순간 몸이 불타는 걸 느껴보세요. 자기 자신에게 말해보세요. "내겐 모든 걸 잃을 의지가 있어." 몸은 우리가 무언가를 소유하는 도구이므로 몸을 잃으면 진실로 모든 걸 잃는 셈입니다. 안도감이 찾아올 차례입니다. 이제 우리는 태양 한가운데에 있습니다. 몸이 없으므로 햇빛과 함께 모든 방향으로 자유롭게 뻗어나갈 수 있지요. 우리를 둘러싸고 있는 여러 개의 태양이 모두 나를 향해 환한 빛을 내뿜는다고 상상해 봅시다. 그 태양들 사이에서 서서히 평화와 조화가 퍼져나가는 걸 느껴보세요. 이제 눈을 뜨고 자기 몸으로 돌아옵니다. 우리 마음속에 여전히 태양이 있다고 상상하면서요.

물건을 소유하는 것으로는 결코 경험하지 못할 강렬한 힘이 느껴질 것입니다.

이 모든 과정은 1분이면 너끈히 끝낼 수 있지요.

이 도구는 우리 삶에서 이미 일어난 상실을 처리하는 데도 효과적이고, 미래에 겪을 수 있는 상실을 두려워하는 마음을 다루는 데도 도움이 됩니다. 어느 쪽이든 집착하지 않는 상태에 머무는 법을 훈련한다는 점은 같아요. 집착을 버린다고 해서 수동적이게 되는 건 아닙니다. 집착을 버린다는 게 목표를 달성하는 것에 관심을 두지 않는 걸 의미하지도 않고요. 목표를 이루지 못하는 데서 오는 상실을 받아들일 때 우리에게 목표는 더 이상 생사가 달린 강박적인 문제가 아니게 됩니다. 우리는 우리 개인의 욕구보다 더 큰 힘과 계속 닿아 있는 방법을 배우고 있어요. 이 세상에서 승리만이 전부가 아닙니다.

그 사실을 알아야 우리가 행복해집니다.

떠밀려 살지 않는
삶

● 　　대부분의 사람에게 오늘날 세상에서 평
화를 찾는다는 건 불가능해 보입니다. 어디를 가도 끈덕
지게 스트레스가 따라오지요. 인생은 원래 힘들다고는
하지만 그러잖아도 힘든 인생에 필요 이상으로 많은 스
트레스를 더하고 있습니다. 일을 너무 많이 하고, 자녀에
게 너무 빡빡한 일정을 세워주고, 피할 수 있을 싸움을 굳
이 일으키지요. 주식시장의 움직임을 지나치게 바짝 주
시하고, 24시간 뉴스를 틀어 전 세계에서 일어나는 모든

위기를 실시간으로 보고, 서로 미친 듯이 이메일을 써댑니다. 마치 혼란과 재난의 한복판에서 살아가는 상태에 중독된 것 같아요. 어째서 소용돌이에 휩쓸려 살기를 선택한 걸까요? 우리 자신을 고문할 작정은 아니었을 텐데, 어쩌다가 이런 결과를 맞이하게 된 걸까요?

우리가 스트레스에 중독된 건 스트레스 없이 자신에게 동기를 불어넣는 방법을 모르기 때문입니다. 현대 사회를 살아가는 우리는 모든 걸 우리 바깥에서 찾습니다. 자신을 움직일 동기조차도 말이지요. 무언가에 유혹되거나 강압되지 않고서는, 겁먹거나 분노하지 않고서는 행동할 길을 모릅니다. 이런 에너지는 모두 우리에게 극심한 스트레스를 유발해요. 길게 볼 때 반드시 실패하게 되어 있습니다. 결과적으로 우리는 목적도 방향도 없이 덩그러니 남겨질 것입니다. 우리 곁에 남는 건 스트레스뿐입니다.

이를 또렷이 보여주는 사례를 과거에 나를 찾아온 내담자에게서 찾을 수 있습니다. 그는 소프트웨어 디자이너였는데, 20대 내내 인생의 방향을 찾지 못한 채 자신감 없이 방황했어요. 그러다가 서른 살이 되었을 때 막 사업을 시작한 활력이 넘치는 남자에게 고용되었습니다. 그 남자는 자기가 고용한 디자이너의 숨겨진 잠재력을 알아차리고 빠르게 승진시키는 한편 점점 더 막중한 책임을 맡겼어요. 오래지 않아 내담자는 여러 직원을 거느린 관리자의 지위에 올라 세계 곳곳으로 출장을 다니게 되었습니다. 한때 소심하고 수동적이었던 그가 어느덧 자신감 넘치고 창조적인 사람으로 거듭났지요. "마치 총을 한 방 맞은 느낌이었어요." 그는 그 경험을 이렇게 묘사했습니다. 어떻게 새로운 상태에 도달했는지 묻자 그가 답했어요. "제가 도달한 게 아니에요. 저는 그 상태를 빌렸을 뿐이죠." 자신의 동기가 자기 자신에게서 오지 않았다는 의미였지요. 내담자의 에너지와 방향은 모두 상사가 만들어준 것이었으며, 그 수단은 영감일 때도 있었지만 두려움인 경우가 더 많았습니다. "그가 불어넣는 동기를 감히 거부할 용기가 없었어요. 제겐 선택권이 없다고 느꼈죠." 회사가 성장하면서 상사는 내담자에게 점점 더 많은 걸 요구했고, 결국 내담자는 스트레스를 관리하지 못하는 지경에 이르러 퇴사하게 되었습니다.

처음에 그 내담자는 자기가 행운아라고 생각했습니다.

주식시장이 아직 활황이었던 때라 주식을 처분하니 앞으로 일하지 않아도 될 만큼 큰돈을 쥐게 되었거든요. 그는 즉시 스트레스 없는 완벽한 인생을 꾸미는 작업에 착수했습니다. 상사와는 정반대 유형의 남자와 결혼했지요. 남편은 좀처럼 목소리를 높이는 법이 없는 대학교수였어요. 부부는 아름다운 집에 살면서 아이를 둘 낳았습니다. 내담자에게는 고용인도 많았고, 자유 시간도 길었지요. 한마디로 꿈이 현실이 된 것이지요. 그런데 이상하게도 무언가 잘못되었다는 느낌이 들었습니다. 그 시점에 그가 나를 찾아왔습니다.

그가 치료를 시작한 건 한동안 잠잠했던 스트레스가 다시 치솟기 시작했기 때문이었습니다. 그는 사소하기 그지없는 일로 남편에게 시비를 걸기 시작했습니다. 결국 그 점잖던 양반이 이제 걸핏하면 그에게 고함을 질러대는 지경에 이르렀습니다. 그뿐 아니라 미루는 습관 탓에 인생 전체가 망가지고 있었어요. 기한이 지나기 전에 청구금을 내는 일이 없었습니다. 약속에 늦을 게 분명한데도 직전까지 샤워하고 옷을 입지 않았지요. 제일 나쁜 건 그가 목적의식을 전부 잃고 자존감이 낮아진 나머지 텔레비전 앞에서 몇 시간이고 꼼짝하지 않고 보내는 게 일상이 되었다는 사실이었습니다.

내담자는 큰 혼란에 빠져 있었습니다. "어쩌다 이렇게 됐는지 이해가 가지 않아요. 완전히 새로운 삶을 디자인 했는데, 과거에 일하던 때랑 똑같이 긴장을 내려놓을 수 없어요. 지금은 그때와 다르게 이루는 것도 하나 없고요." 내게 그 상황은 수수께끼처럼 여겨지지 않았습니다. 애초에 그는 자신에게 있던 문제, 즉 스스로 내면의 동기를 불어넣지 못하는 문제를 해결한 적이 없었지요. 사실 우리 대부분은 같은 문제를 갖고 있습니다. 그래서 우리는 에너지와 방향을 찾고자 자기 바깥으로 눈을 돌리지요. 그 내담자의 경우에는 추진력 있고 욕심이 많은 상사가 일시적으로 에너지를 불어넣고 방향을 제시해 준 거였어요. 문자 그대로 상사가 그에게 겁을 주어서 빠릿빠릿하게 움직이도록 한 것이죠. 내담자는 상사를 떠난 뒤 동기를 조금도 얻을 수 없어서 무의식적으로 바깥에서 새로운 자극을 찾아 나섰습니다. 남편과의 싸움, 친구들의 볼멘소리, 납부 기한을 넘긴 청구서의 두려움… 이 모든 경험은 불쾌하기는 하지만 그의 몸에 에너지를 채워주었지요. 요컨대 그는 스트레스에 중독된 상태였습니다.

외부 자극을 자신을 움직이는 동기로 삼을 때 우리는 저차원적 동기 체계(앞서 언급한 저차원적 채널의 한 갈래입니다)에 의존합니다. 이 여성은 스트레스를 동기로 사용했지만 어떤 이들은 약물, 카페인, 대중매체, 심지어 성관계에 의존하기도 하지요. 이런 동기부여 체계는 누구나 내면에 간직하고 있는, 책임을 회피하려는 수동적이고 어린아이 같은 부분에서 오기에 저차원적입니다.

우리를 움직이는 에너지를 외부에서 얻는다면 역경이 닥쳐도 그 힘에 기댈 수 있으리라고 신뢰할 수 없습니다. 가장 어두운 순간에 우리는 주눅이 들어 포기하고 말 거예요. 외부에서 이끄는 에너지는 폭발하듯 터져 나와서 우리를 무작정 앞으로 달리게 하지만, 그때 진정한 방향 감각이나 성취감은 거의 얻을 수 없습니다. 우리 문화는 이런 저차원적 동기 체계를 중심으로 설계되었어요. 광고, 패스트푸드, 쉼 없이 딩동거리며 메시지가 도착하는 스마트폰은 우리가 필요한 걸 무엇이든 당장 얻을 수 있다고 암시합니다. 그 문화 속에서 우리는 고차원적 목적을 갖지 못한 채 똑같은 레버를 몇 번이고 눌러대는 실험실의 쥐로 전락합니다. 현대 세계가 우리의 의지를 파괴했지만 우리는 너무 빠르게 달리고 있어서 그 사실을 눈치조차 채지 못하지요.

의지박약은 현대인들이 겪는 주요한 난관입니다. 심리학에서는 대개 의지가 피상적인 문제인 양 가볍게 다루고 넘어가지요.

하지만 의지는 피상적이지 않습니다.

의지가 약한 사람은 결코 자아를 찾지 못해요. 자신을 둘러싼 사람과 사물에 지배되며 진정한 자신과는 연결이 끊깁니다. 그뿐 아니라 자신에게 동기를 불어넣는 수단으로 스트레스를 사용하기에 끝없이 부정적인 상태에 머물게 되지요.

의지를 되찾는 건 궁극적으로 영적인 차원의 문제입니다. 우리 안에는 주의를 빼앗는 외적인 요소에 굴복하지 않고 자기 길을 꿋꿋이 나아갈 수 있는 부분이 있습니다. 바로 그것이 우리의 고차원적 자아입니다. 고차원적 자아는 외부 세계와는 무관하며 바깥의 것들에 구애받지 않는 고차원적 힘에 우리를 연결해 줍니다. 우리 삶에 의미를 불어넣어 주는 힘은 오로지 우리의 고차원적 자아에만 있습니다.

고차원적 자아를 활성화하는 체계를 나는 고차원적 동기 체계라고 부릅니다. 이 체계는 스스로 에너지를 만들어내며, 인생이 아무리 고되게 느껴져도 앞으로 나아가기를 절대 멈추지 않아요. 우리가 살아가는 모든 날, 우리가 취하는 모든 행동에 개인적 의미를 불어넣는 데 고차원적 동기 체계의 비밀이 있습니다. **의미가 있다는 감각이야말로 우리가 에너지를 얻는 원천이지요.**

현대를 살아가는 사람들에게 의미가 에너지를 만들어 낸다는 개념은 이상하게 들릴지도 모르겠습니다. 하지만 우리 모두 알게 모르게 그 개념을 몸소 경험해 본 적이 있지요. 잘 모르는 사람을 도와준 경험을 떠올려 보세요. 버스에서 자리를 양보하는 것처럼 사소한 일이어도 좋아요. 우리는 공포나 갈등에서 자극을 받아 움직이지 않았으며, 즉시 보상을 주겠다는 약속도 받지 않았습니다. 단지 자신에게 옳다고 느껴지는 행동을 했지요. 의미를 느낀 겁니다. 그 순간 고차원적 힘이 우리를 움직인 거예요.

인생의 동기를 얻는 길은 의미가 있다는 감각을, 우리가 하는 일이 '옳은 것'이라는 느낌을 매일 매 순간 만들어내는 데 있습니다. 그러면 스트레스에 의존하지 않아도 촉발할 수 있는 무한한 에너지의 원천이 생깁니다. 당장 원하는 결과를 얻지 못한다 해도 그 에너지는 사라지지 않습니다. 우리는 더 차분해지는 동시에 더 결연해질 것입니다. 이것이 고차원적 자아의 특징입니다.

의미가 있다는 감각을 어떻게 만들어낼까요? 타인에게 봉사하는 것도 좋은 방법이지만, 봉사는 우리의 개인적 목표를 향해 나아가는 데는 보탬이 되지 않습니다. 매일 의미를 만들어내는 방법은 어찌 보면 간단합니다. 미리 어떤 계획에 헌신하기로 마음먹고, 일과 중에 하는 모든 일을 그 계획의 일부로 여기는 것입니다. 이때 하루 동안 하는 모든 행동이 자신에게 한 약속을 지키는 일이므로 의미가 있으며, 따라서 '옳은 것'이라고 느껴집니다. 작은 행동도 큰 행동만큼이나 의미가 있지요.

고차원적 동기 체계의 원리는 이렇듯 단순하지만 실천도 그만큼 쉬운 건 아닙니다. 지치거나 주의가 흐트러지면 과거의 혼란스러운 방식을 답습하는 게 인간의 본성입니다. 그 결과 자연히 스트레스가 생겨나지요. 스트레스에 짓눌리는 결말을 피하려면 우리에게는 고차원적 동기 체계를 감독하고 일상의 궤도를 유지하게 해줄 일종의 제어판이 필요합니다. 앞에서 언급했듯이 잠들기 전 하루를 반성하는 습관이면 충분하지요. 잠들기 전에 5분을 내어 다음 날 어떻게 생활할지 구조를 설계하고 글로 적는 겁니다. 우선 하루 전체를 아우르는 형식이 필요합니다. 하루의 각 부분에 무엇을 할지 명확한 개념이 있으면 좋습니다. 언제 식사를 하고, 언제 글을 쓰고, 언제 집안일을 하고, 언제 운동을 할지 정하세요. 위급 상황이 발생하면 바꿀 수도 있지만 목표는 가능한 한 계획을 지키는 것입니다. 이러면 우리는 문자 그대로 자기 삶을 스스로 만들어나가는 경험을 하게 됩니다. 하루의 각 부분을 통과해 가면서 그 의미를 느낄 수 있지요. 특히 정기적으로 출근하지 않는 사람에게 계획을 세우고 지키는 일은 매우 중요합니다.

다음으로 평소라면 피할 행동을 한두 가지 고르고, 그것에 헌신하겠다고 자신에게 다짐하세요. 가능하면 그 행동을 실행할 시간도 정합니다. 이튿날 그 행동을 실행하면 우리는 자기 자신과 한 약속을 지키는 데서 오는 헌신의 감각을 느낄 거예요.

고차원적 가치 체계에서 우리가 무엇을 하는 이유는, 그 행동을 성공적으로 해내기 위함이 아니라 그 행동이 우리에게 미치는 영향 때문입니다. 결과가 아니라 내 삶에 충실하기 위해 행동할 때 우리는 고차원적 힘과 이어져, 스트레스에 시달리는 대신 내 안에서 솟는 힘을 느끼게 될 것입니다.

현자의 돌을 줍다

이 책의 앞부분에서 일반론으로 언급했던 한 현상에 대해 좀 더 구체적으로 이야기해 봅시다. 어느 여성이 내담자로 진료실을 찾아왔어요. 그는 아이를 자신이 원하는 유치원에 입학하게 하려고 연줄을 있는 대로 동원하고, 여기저기 부탁하는 전화를 돌렸습니다. 교육비로 수만 달러를 낼 특권을 허락해 달라며 문자 그대로 애걸했어요. 내담자는 평소에는 수동적이고 불안정한 사람이었지만 아들을 콧대 높은 사립학교에 입학시키는 일에 있어서만은 슈퍼우먼으로 변신했어요. 그는 "쓰레기장에서 사는 백인 거지"였다고 거침없이 묘사한 가정에서 태어났습니다. 그가 그 쓰레기장에서 벗어날 수 있었던 건 도시에서 모델로 활동하면서 생계를 유지할 수 있을 만큼 외모가 뛰어난 덕분이었어요. 그는 자신을 사랑해 주는 남자와 결혼하기는 했지만 남편은 그가 바랐던 만큼 크게 성공하지는 못했습니다. 그는 조금도 불안을 느끼지 않는 사람으로만 구성된 상류 계급이 존재하는데, 자신은 그 수준까지 이르지 못했다고 생각하며 괴로워했어요. 자신이 그 수준에 이를 수 있다는 희망은 진작 포기했기에 그 야심을 아들에게 쏟아부었습니다. 그에게 사립학교는 자기 아들이 엘리트 세계로 들어가는 문이었지요. 세상의 그 무엇도 그가 아들을 그곳에 보내려는 것을 막을 수 없었습니다. 학교가 개학하기 전까지는 모든 게 그의 계획대로 순조롭게 흘러갔습니다.

매일 아침 아들을 등교시키는 길에 내담자는 다른 어머니들이 자신에게 미묘하고 냉담한 시선을 보낸다고 확신했습니다. 그에게 다가와 말을 붙이는 사람은 거의 없었어요. 그는 자신이 그들 눈에 차지 않는 거라고 빠르게 결론을 내렸지요. 남들보다 못해서 거부당했다는 뼈아픈 감각에 사로잡혀 스스로를 비판적인 눈으로 보게 되었습니다. 그가 유일하게 자신감을 품은 부분인 외모마저도 스스로 흠을 잡기 시작했지요. 그렇게 몇 달이 흘러 소풍 날이 되었어요. 그날 그는 마침내 다른 학부모 두 사람과 대화를 나누었고, 그 과정에서 뜻밖의 진실을 들을 수 있었습니다. 다른 어머니들은 그가 자신들을 피하는 줄로만 알았던 겁니다. 다른 어머니들의 눈에 깜짝 놀랄 만큼 매력적인 여성인 그는 남들을 업신여기는지 주위에 눈길 한 번 주지 않고 쌩하니 자기 갈 길만 가는 것처럼 보였어요. 그의 존재가 그들을 아주 불안하게 했지요.

동료 학부모와 나눈 대화에서 내담자에게 가장 큰 충격을 준 건 자신이 상황을 크게 오판했다는 사실이 아니라, 다른 여자들도 불안을 느낄 수 있다는 사실이었지요. 그의 눈에 다른 여자들은 눈을 씻고 보아도 흠결을 찾을 수 없는, 레인지로버 운전석에 앉아 있는 여신이자 상류층이라는 모임의 원년 멤버처럼 보였거든요. 그로부터 몇 달이 더 지나서야 비로소 그는 인간 본성의 근본적 원칙을 알아차리기 시작했지요.

누구나 자신에게 무언가 모자란 부분이 있다고 생각합니다. 누구나 열등하다고 느껴서 세상에 내보이고 싶지 않은 부분이 있습니다. 스위스의 정신과의사 카를 융은 이를 '그림자'라고 불렀어요. 융의 정의에 따르면 그림자는 존재하지 않기를 바라지만 어떻게 해도 없애버릴 수 없는 자신의 일부입니다.

내담자는 자신에게 그림자가 있다는 사실은 쉽게 인정할 수 있었어요. 답 없이 살아가는 원가족에게서 벗어나려고 발버둥질해 왔지만 자신 역시 그들에게 전염되었다는 느낌을 남몰래 품고 있었거든요. 그는 원가족에게서 완전히 분리될 수는 없다고, 언젠가는 콩가루 집안 출신이라는 정체가 탄로 날 거라고 두려워했습니다. 하지만 아들이 다니는 사립학교의 '금수저' 학부모에게도 수치스러워할 구석이 존재한다는 걸 믿기 어려워했어요. 그들은 원하는 모든 걸 가진 것처럼 보였으니까요. 하지만 누구에게나 모자라다고 느끼는 부분이 있습니다. 아무도 몰래 어딘가에 중독되어 있거나 신체적으로 완벽하지 못하거나 그저 나이가 들고 있거나 대학을 끝마치지 못했거나… 모든 이가 자신의 이런 약점을 한데 모아서 내면의 열등한 분신alter ego인 그림자에 투사하지요. 그리고 그 그림자를 세상에서 꼭꼭 숨기려고 애씁니다. 마치 모든 결점을 그러모아 하나의 가방에 담고 난 뒤 그 가방을 옷장 깊숙이 숨겨놓는 것과 비슷해요. 하지만 그 결과 우리는 어떤 식으로든 세상을 피하고 벽 뒤에 숨게 됩니다. 우리는 자기 자신에게서 괜찮다고 결정한 부분만 선별적으로 남들에게 드러내지요. 그러니 자기가 사기꾼이 된 것 같다고 느끼는 사람이 너무 많은 건 당연합니다. 내담자는 그림자가 없는 절대적으로 우월한 집단이 세상에 존재한다고 믿고 싶었지요. 그래야만 자기 아들이 그런 집단에 들어갈 거라는 꿈을 가질 수 있었으니까요. 그런 일은 불가능하다는 걸 마침내 받아들인 그는 비로소 성장의 첫걸음을 내딛게 되었습니다. 이 깨달음을 계기로 그의 목표는 그림자를 없애는 것에서 그림자를 수용하는 것으로 바뀌었지요.

그런데 약점과 결점을 수용하는 데 어떤 장점이 있는 걸까요? 자기 그림자를 수용할 때 우리는 인간이라는 조건의 현실을 받아들이게 됩니다. 우리가 나 자신의 어떤 부분을 수치스러워하는 이유가 얼마나 구체적이든 간에, 그것은 우리가 열등감을 느껴야 할 궁극적 이유가 결코 되지 못해요.

열등함은 인간이 처한 기본적인 영적 조건입니다.

최고 엘리트 집단의 구성원도 여느 사람과 똑같이 열등감을 느낍니다. 서구 문화에서는 이를 두고 '인간의 타락'이라고 부르지요. 신화적 차원에서 인간이 불멸의 상태인 낙원에서 타락해 물리적 신체에 갇혀 연약하고 덧없으며 엉망진창인 삶의 조건에 처하게 되었다는 의미입니다. 하루하루 쇠퇴하는 신체를 이끄는 우리는 그 안에 갇혀 살아가지요. 아무리 영광스러운 외적 성취를 이루어도 그것은 덧없이 지나가 버립니다. 우리가 기를 쓰고 숨기려 하는 이 진실을 우리의 일부인 그림자는 알고 있지요. 신화적으로 풀어보자면 고차원적 자아는 본래 드높은 낙원에서 살던 때 우리가 어떠한 상태였는지 '기억'하는 존재로, 따라서 우리가 얼마나 타락했는지도 알고 있습니다. 그래서 고차원적 자아는 옷을 입듯이 우리의 결점을 두르고 스스로 우리의 그림자가 되었지요. 어떤 의미에서는 우리가 인간이기에 결점이 있다는 당연한 진실을 보여주고자 자기 자신을 희생해 거울이 되기를 자청한 것입니다. 그처럼 실은 우리의 그림자는 우리의 열등한 부분이 아니라 우리가 인간으로서 처한 조건을 외면하지 않고 직시하는 진실의 목격자입니다. 요컨대 그림자는 고차원적 자아가 위장한 거예요. 서구의 신화에서 이 역학을 가장 잘 반영하는 건 예수 그리스도의 이야기입니다. 그리스도가 인류 전체의 그림자를 대표하고 나선 것이지요.

세상에는 자기 그림자를 숨길 수만 있다면 무엇이든 하겠다는 사람이 많습니다. 그들은 두려워서 자신을 마음껏 표현하지 못하는 제한된 세상에서 살아가요. 새로운 사람을 만나는 걸 피하고, 누군가와 친해지는 걸 두려워하고, 새로운 모험에 나서지 못하지요. 상사에게 맞서지 못하고, 대중 앞에서 말하지 못해요. 어떤 사람들은 열등감이 너무 심한 나머지 자기 혼자만 보는 일기장에도 자기 생각을 솔직하게 적지 못합니다. 그들은 그림자의 진정한 속성을 이해하지 못해 그림자를 적으로 돌리고 맙니다.

그러나 사실 그림자는 우리의 가장 위대한 자산입니다.

그림자는 우리의 내면에 살고 있는 유일무이하고 거리
낌이 없는 어린아이로서 자신을 전적으로 수용하고 본능
을 따릅니다. 모든 걸 안다고 빼기는 우리의 에고는 그림
자를 두고 '열등하다'고 평가하지만, 사실 그림자는 문자
그대로 마법을 부릴 수 있는 고차원적 힘이 흘러나오는
원천입니다. 이 사실을 아는 순간 우리의 불안은 기회로
변신합니다. 자기 약점을 있는 그대로 수용할수록 우리
안에서는 창조적인 힘이 샘솟지요. 이것이 자기수용에
깃들어 있는 실질적인 힘입니다. 그림자의 힘을 이해하
면 인생의 목적 또한 달라집니다. 우리가 세상에 나아가
활동하는 목적은 외적인 성공의 기준을 충족하기 위함이
아니라 자기 그림자를 드러내고 그것을 수용하는 방법을
배우기 위함입니다. 그렇게 우리는 남들에게 어떻게 보
일지 전전긍긍하는 걱정의 횡포에서 해방되어 자신을 마
음껏 표현하게 됩니다.

이제부터 자신을 수용하겠다고 막연히 생각하는 것만
으로는 충분하지 않습니다. 실천할 방법이 필요합니다.
여기서 세 가지 방법을 소개합니다.

그림자를 우리가 경험할 수 있는 실체로 만들기

무의식 속의 존재에 시각적 형태를 부여함으로써 그것을 실체로 만들 수 있습니다. 가만히 눈을 감고 우리가 살면서 제일 상처 입었고 거부당했고 소외되었던 시기로 돌아가 보는 겁니다. 초등학생 시절에 다른 아이들 앞에서 모욕을 당했던 때거나 연애가 나쁘게 끝났을 때거나 대학생 시절에 우울증을 앓던 때일 수도 있지요. 그 시기의 우리를 다른 사람을 보듯 바라보세요. 그 사람의 얼굴에 떠오른 고통을 살펴보세요. 그의 외양과 행동을 세세하게 관찰하세요. 우리는 지금 우리의 그림자를 보고 있습니다. 이제 그림자에게 말하세요. "너는 진짜야. 너는 사라지지 않을 거야. 너는 소중해." 잠시 그 상태에 머물면서 그림자가 곁에 있는 기분을 느끼세요. 언제든 그림자를 생생히 떠올릴 수 있게 될 때까지 이 방법을 꾸준히 실천하는 겁니다. 우리의 그림자는 현재에 엄연히 존재하는 우리의 일부입니다. 우리 안의 창조적인 힘을 끌어내어 우리를 도와줄 수 있지요.

부정적인 경험에 세심한 주의를 기울이기

부정적인 경험은 잘 받아들이고 처리하면 귀중한 가치를 지니게 됩니다. 감정에 상처를 입고, 자신을 비판하고, 열등감을 느끼는 모든 순간에 우리의 그림자가 나타나지요. 그러니 부정적인 경험을 하는 순간을 겁내지 말고, 생각을 바꾸어 그림자를 향해 사랑과 수용을 표현할 기회로 받아들이세요. 그림자의 모습을 떠올리고, 자녀를 대할 때처럼 따뜻한 감정으로 그림자에 말을 겁니다. 그림자를 꼭 안아주는 모습을 잠시 상상하는 겁니다. 처음부터 끝까지 실천하는 데 10초도 걸리지 않을 거예요. 이 방법을 자유자재로 활용하게 되면 우리의 그림자를 체계적으로 수용할 수 있습니다. 그러면 세상이 덜 두렵게 느껴지고, 열등감도 줄어듭니다. 그림자와 하나가 되고 자신을 있는 그대로 받아들일 때 점점 자신감이 싹틉니다.

자기를 표현해야 하는 상황이 내키지 않더라도 기꺼이 맞기

우리를 주눅 들게 하는 사람이 여럿 초대받은 파티에 가게 되었다고 칩시다. 그곳에 있는 것만으로 우리의 내면에서는 부정적인 신호가 흘러나올 거예요. 그 신호의 진정한 의미는 파티가 열리는 저녁 내내 그림자와 대화를 해야 한다는 뜻입니다. 남들이 우리에게 보이는 반응에 연연하지 말고, 그림자와 유대를 돈독히 하겠다는 내면의 목표로 초점을 옮기세요.

중세 연금술사는 물질을 변형하는 마법의 힘이 깃들어 있다는 신화 속 현자의 돌을 찾아 헤맸습니다. 그 돌을 발견하는 비결은 너무나 평범해서 굳이 주우려는 이가 없는 돌을 찾는 거였어요. 우리가 일상에서 겪는 부정적인 경험, 특히 열등감은 현자의 돌과 같습니다. 납을 금으로 바꾸어주지는 않지만 우리 자신은 바꾸어줄 것입니다.

세상으로 나아가는 목표가 자기 자신과 깊이 관계 맺는 것이라는 사실을 깨달을 때, 이 고통 많은 인생을 살아간다는 게 어떤 의미인지 비로소 이해하게 될 겁니다.

사실보다
강력한 것

●   널리 알려진 사실은 아니지만, 아시시의
성 프란체스코가 인생의 행로를 바꾸어 역사상 제일 명
성 높은 성인이자 온 세상의 모든 교파에서 존경받는 이
로 탈바꿈하도록 박차를 가한 건 그의 꿈에 담긴 지혜였
습니다. 물론 모두가 성 프란체스코만큼 위대해질 수 있
지는 않지만, 그의 이야기에서 우리는 많은 걸 배울 수 있
습니다. 당시 프란체스코가 일구어낸 성취는 오늘날에도
놀랄 만큼 의미가 있어요. 프란체스코가 살았던 중세 시

대에 사회는 점점 부패하고 있었습니다. 자기 이득부터 챙기려 드는 엘리트 지배계층 아래에서 인구 대부분이 심한 빈곤에 시달렸어요. 도시국가 사이에서는 끊임없이 전쟁이 일어났습니다. 소수자와 장애인은 가혹하게 박해를 받았지요. 프란체스코는 이런 부패의 온상에 사랑과 치유라는 놀라운 힘을 불어넣었습니다. 그러나 그 전에 먼저 프란체스코 스스로가 변혁을 거쳐야 했습니다.

프란체스코는 부유한 가정에서 태어나 아버지의 돈을 흥청망청 쓰며 미인들에게 추파를 던지는 바람둥이로 자랐지요. 그러나 프란체스코가 무엇보다도 진심으로 사랑한 건 전쟁이었습니다. 프란체스코는 젊은 나이에 전투에 참전해 용맹하게 싸웠습니다. 어느 날 새로운 원정을 앞두고 자기가 무기와 방패가 보관된 궁전에 있는 꿈을 꾸었습니다. 프란체스코는 이것을 군인으로서의 길을 계속 걸어야 한다는 의미로 받아들였지요. 그런데 원정 도중에 자기가 꿈을 잘못 해석했으며 어서 아시시로 돌아가야 한다는 강렬한 직감에 사로잡혔습니다. 집에 돌아가자 다시금 내면의 목소리가 들려와 꿈속의 무기는 전쟁에 쓰이는 실제 무기가 아니라 자비, 연민, 사랑이라는 내면의 무기라고 일깨워 주었습니다. 이윽고 심하게 앓아누웠던 프란체스코는 병에서 회복했을 때 자기 안에 있던 물리적 정복욕이 평화와 선을 널리 퍼뜨리려는 욕구로 변화했음을 알아차렸지요. 영광스러운 기사가 되기를 꿈꾸었던 남자는 이제 스스로 극빈자가 되어 그가 속한 사회에서 무참히 경멸받던 나환자들과 나란히 걸었습니다. 프란체스코는 꿈에 등장한 고차원적 힘의 지도를 받고 맹목적인 물질주의의 길에서 벗어날 수 있었습니다. 프란체스코나 고대 세계의 다른 사람들에게 이런 고차원적 힘은 영적인 것으로 여겨졌습니다. 오늘날 교양 있다고 자부하는 우리 현대인은 그것을 무의식적인 힘이라고 부르지요.

꿈에서 우리를 찾아오는 힘은 강렬하며, 우리에게 절실히 필요한 것입니다. 그러나 꿈은 평소에 익숙한 정신 상태와는 달라서 마냥 낯설게만 느껴집니다. 꿈을 받아들이고 이해하려면 먼저 자기 자신을 준비시켜야 해요. 꿈에는 여러 유형이 있습니다. 일부는 소원을 이루려는 욕구를 표현하고, 일부는 미래에 일어날 사건을 두려워하는 감정을 표현하며, 일부는 더위와 같이 우리가 경험하고 있는 신체감각을 표현하기도 합니다. 그런데 이런 꿈은 오케스트라가 연주를 시작하기 전에 악기를 조율하는 소리와 비슷하지요. 고차원적 목적이 없을 때 꿈은 소음에 불과합니다.

중요한 꿈은 지혜를 전달해 줍니다. 이런 꿈은 주로 삶의 주요한 변곡점에서 우리를 찾아오지요. 현대 사회는 지혜를 사실과 혼동합니다. 사실이 지혜보다 더 접하기 쉽거든요. 정확히 말하자면 우리는 넘쳐나는 사실 속에서 허우적거리고 있습니다. 그러나 아무리 많은 사실도 삶의 중대한 길목에서 우리를 인도해 주지는 못하지요. 똑같은 사실이 주어지더라도 한 사람에게 옳은 것이 다른 사람에게는 틀릴 수 있습니다. 반면 지혜는 개인이 그 순간 어디로 가야 하는지 알려주는 고차원적 힘입니다. 지혜는 우리와 우주 사이를 잇는 다리예요. 우리가 목적의식을 안고 앞으로 나아가도록 해주지요. 지혜는 평범한 인간의 사고력을 초월합니다.

그러나 우리는 지혜에 저항합니다. 우리의 에고는 자신이 제일 잘 '안다'는 생각에 사로잡혀 자기보다 더 현명한 것에 마음을 열고 받아들이기를 꺼립니다. 그래서 우리는 틀을 깨지 못하고 모든 걸 항상 보던 대로만 보지요. 보통 우리는 직업이나 지위 같은 외부의 목표에 시선을 고정하고, 이를 향해 나아가는 길에 주의를 흩뜨리는 모든 걸 적극적으로 차단합니다. 우리는 그만큼 일방적이지요.

이때 꿈이 등장합니다.

꿈을 다루는 새롭고 종합적인 방식을 개발한 카를 융의 주장에 따르면, 꿈의 기능은 우리의 태도를 고쳐주는 것입니다. 예를 들어 사람들은 학교에서 수업을 듣거나 시험을 보는 꿈을 자주 꾸지요. 그런 꿈에서 자신은 언제나 지각을 하거나 시험공부를 충분히 하지 않은 상태로 등장해요. 이는 에고가 감정적 '수업'이나 영적인 '공부'를 하지 않으려 저항하고 있음을 의미합니다. 우리가 실제로 온전해지려면 온전해지는 법을 배워야 하지요. 다른 꿈의 의미는 이만큼 명백하지는 않습니다. 공격받거나 죽는 꿈은 끔찍하기는 하지만 신체적 위험과는 아무 관련이 없어요. 이런 꿈을 꿀 때 진실로 공격받는 건 우리의 태도입니다. 꿈은 물질세계에 대해 품은 집착을 깨뜨려 좀 더 균형을 잡고 살아가도록 해줍니다. 이런 꿈을 자주 꾼다면 우리가 받아야 할 메시지가 있을 가능성에 마음을 열어두세요. (자러 가기 전에) 메시지가 좀 더 분명한 꿈을 꾸게 해달라고 적극적으로 요청할 수도 있습니다.

꿈에 대해 단지 열린 태도를 가지는 것만으로는 부족합니다. 꿈은 자기만의 법칙이 있는 세계에서 오기에, 평범한 일상을 보는 눈으로 꿈을 본다면 십중팔구는 메시지를 오해하게 되지요. 여기서 꿈의 다섯 가지 핵심 요소를 소개합니다.

상징

꿈은 기본적으로 언어가 아닌 그림으로 이루어집니다. 프란체스코의 꿈에 나온 무기처럼 이미지는 묘사되는 대상 자체가 아닌 다른 걸 의미합니다. 우리는 대개 가장 차원 높은 지성이 언어에 깃들어 있다고 믿고 싶어 하지요. 이는 언어로 생각하는 에고가 그렇게 믿게끔 우리를 기만하는 것입니다. 고대 세계에서는 지혜가 이미지의 형태로 온다는 사실이 널리 받아들여졌어요. 신들은 이미지로 생각했지요. 고차원적 진실은 인간의 일상에서 취한 이미지를 옷처럼 입고서 우리 앞에 나타납니다. 그것이 영적 무기가 프란체스코가 실제로 사용하는 무기로 위장하고 그의 꿈에 나타난 까닭이지요. 융은 어떤 상징 양상은 보편적이라는 사실을 밝혀냈는데, 그 말인즉 모든 사람의 무의식에 그 상징이 들어 있다는 의미입니다. 상징은 꿈뿐만 아니라 신화와 예술 작품에서도 나타나지요. 융은 이런 상징을 원형이라고 불렀습니다. 한 예로 「스타워즈」 시리즈의 등장인물인 다스베이더가 있습니다. 세상 어디에서든 「스타워즈」 영화를 보는 관객은 다스베이더가 등장하자마자 그가 악의 원형이라는 걸 알아볼 거예요. 어머니, 아버지, 신 등 다양한 것에 대해 원형이 존재합니다. 원형이 나타난다는 건 꿈이 우리를 융이 집단무의식이라고 부른 것에 연결하고 있다는 의미입니다. 그것은 우리를 개인적 역사(즉, 개인적 무의식)를 초월해 보편적 의식으로 연결해 주는 우리의 일부입니다. 고대인이라면 이를 간단하게 '영적 세계'라고 불렀을 것입니다.

상호작용성

우리는 흔히 상징을 수학기호처럼 외부에서 보는 고정된 이미지나 인물로 생각합니다. 그러나 꿈의 이미지는 수학기호와 달리 한자리에 서 있지 않고 생생히 살아 있습니다. 우리는 문자 그대로 상징 사이를 거닐며 상징과 상호작용을 합니다. 꿈속에서는 상징에 뒤쫓기기도 하고 상징을 먹기도 해요. 꿈꾸는 사람은 살아 있는 상징을 마주했을 때 그것이 현실 세계의 사물인 양 반응합니다. 예를 들어 꿈속에서 금화를 보고 욕심이 일어 그것을 주머니에 넣을 수도 있습니다. 이 지점에서 오독이 일어나기 쉽지요. 여기서 금화는 물질적 부가 아니라 지혜를 상징합니다.

반복

꿈의 세계는 우리에게 전달할 중요한 메시지가 있을 때 그 주제와 관련된 일련의 꿈을 만들어냅니다. 이따금 매일 밤 비슷한 꿈이 이어지는 건 그 때문입니다. 융은 우리가 꿈의 지도를 받아들일 때까지 꿈을 반복해서 꾸게 된다고 생각했습니다. 그러나 꿈에서는 같은 문제가 전혀 다른 여러 가지 형태로 다루어지므로 우리는 쉽게 혼란에 빠지지요. 가령 창조 욕구는 출산으로 표현될 수도 있지만, 정원 가꾸기로도 표현될 수 있습니다. 개인의 힘을 키우고 싶다는 욕구는 대통령과 만나는 것으로 표현될 수도 있지만, 체육관에서 근력운동을 하는 것으로도 표현될 수 있지요. 꿈의 세계에는 메시지를 하나의 방식으로 고정해 전달하지 않으려는 의지가 있는데, 사물이 고정되어 있는 걸 좋아하는 에고는 이를 불편하게 여깁니다.

내면성

꿈은 하나의 역설입니다. 우리는 다른 세계로 들어가지만, 그 세계는 우리 안에 있지요. 우리가 꿈에 마음을 활짝 열 때 비로소 평소에 부정하고 있던 내면의 현실과 진실을 엿볼 수 있습니다. 꿈속에서는 우리 안에 있던 부분들을 우리에게서 분리해서 하나하나 똑바로 볼 수 있지요. 사자는 우리의 내면에 있는 분노를 상징합니다. 아기는 경험에서 '태어난' 우리의 고차원적 자아를 상징하기도 하고요. 어떤 원형들은 자기 내면의 숨겨진 부분들을 흰히 드러내지요. 융이 열등한 분신이라고 이야기했던 그림자는 대부분의 사람이 숨겨두려 하지만 꿈속에서는 거지나 먼 과거에 자신이 멸시했던 인물의 형태로 등장하기도 합니다. 앞서 말했듯이 그림자를 똑바로 보고 받아들이는 건 내면의 성장에서 중요한 첫걸음입니다.

극적 구조

꿈은 영화와 비슷하게 이야기를 3장으로 구성해 보여주는 경향이 있습니다. 1장은 주로 일상적인 상황이 펼쳐지며 설정을 제공합니다. 2장은 여정, 발견 혹은 모험입니다. 여기서는 배경이 위협적이거나 이국적이거나 환상적인 장소로 바뀌며, 바로 이 지점에서 우리는 정신세계 깊숙한 곳까지 나아가 집단무의식으로 들어가게 됩니다. 3장에서는 상황을 해결하고 보통 집에 돌아가게 됩니다. 꿈에서 느끼는 감정의 기복은 우리에게 이루어지는 일종의 감정교육이라 할 수 있지요. 고대 그리스의 극에서는 이를 카타르시스라고 불렀습니다.

　21세기는 의심의 여지 없이 정보에 집중하는 시대입니다. 과학, 논리, 컴퓨터가 만들어낸 해법은 분명히 제각기 맡은 역할을 해낼 것입니다. 그러나 그것들이 우리가 살면서 마주치게 되는 더 심오한 문제를 해결해 주는 일은 절대 없습니다. 상실을 받아들이는 법, 부정적인 사건을 견디는 법, 자녀를 지도하는 법, 삶에서 의미를 찾는 법을 알려주지는 못해요. 인생의 문제를 풀어나갈 지혜는 꿈을 통해 우리에게 접근하는 고차원적 힘에서 비롯하며, 그렇기에 오직 우리 안에서만 찾을 수 있습니다.

마음을 작동하게 하는 연료는 판단이 아니라 사랑이지요.
사랑은 한계를 모르며, 우리에게 무엇이든 할 힘을 줍니다.
진정으로 자신을 사랑할 때
그 무엇도 우리를 멈추게 할 수 없습니다.

5장

어둠만이 알려주는 것들

그는 왜 자신이 그토록 바라던 걸

손에 넣었을 때조차 행복할 수 없었을까요?

진실은 진정한 만족은 무엇을 가지고

무엇을 가지지 못했는지와는 전혀 무관하다는 것입니다.

우리의 행복은 오로지 우리가

어떤 세계에 살기로 했느냐에 달렸습니다.

갈등이라는 열쇠

● 20대 후반에 몸싸움을 두려워하는 해묵은 감정을 극복하고자 가라테를 배우기 시작했습니다. 강사 선생님이 마음에 들었기에 그가 브롱크스 남부에 있는 권투 체육관으로 옮기자, 나도 그를 따라 종목을 바꾸었어요. 사실 그곳은 어엿한 체육관이 아니었습니다. 다른 건물들이 전부 철거되고 돌멩이가 굴러다니는 거리 귀퉁이에 외로이 남은 교회의 별관이었지요. 맨해튼에서 차를 타고 다리를 건너자마자 나를 바짝 긴장시키던 살

풍경이 아직도 머릿속에 생생합니다. 체육관 안의 분위기는 차창 밖 풍경보다도 한층 더 위협적이었어요. 적어도 처음에는 그랬지요. 나를 제외한 나머지 회원은 모두 브롱크스 토박이였습니다. 그들은 격투기 훈련을 인생의 중대사라도 되는 양 진지한 태도로 임했어요. 경기장 중앙에서 스파링을 하거나 샌드백을 흠씬 두드려 패는 남자들에게서는 통제된 분노의 분위기가 물씬 풍겼습니다. 내가 초보자라고 해서 관용이 베풀어지는 일은 없었지요. 그중 특히 한 남자는 나와 스파링을 붙으면 무조건 나를 끝까지 때려눕히려 들었으며, 내게 적개심이 있어 보였습니다. 하지만 그렇게 몇 달이 흐르자 그날의 훈련을 마칠 때쯤에는 체육관 안을 채우던 격렬한 감정은 녹은 듯 없어지고, 그 자리에 애정이 깃든 평화와 비슷한 것이 찾아온다는 걸 알게 되었습니다. 한 시간 전만 해도 당장 서로 잡아먹을 듯 사납게 굴던 사내들이 어떤 신비로운 유대감으로 끈끈하게 연결되었어요. 하루는 연습을 마치고 체육관을 나서 차에 탔는데, 웬일인지 시동이 걸리지 않았어요. 해가 지고 어스름이 내린 저녁에 거친 동네에서 발이 묶였다고 생각하자 친숙한 두려움이 고개를 들었습니다. 그때 어둠 속에서 스파링할 때마다 나를 기필코 때려눕히려던 남자가 나를 향해 다가왔습니다. 처음에는 그가 무슨 생각을 하는지 짐작할 수 없었어요. 하지만 가까이 다가온 그의 얼굴에서 내가 확인할 수 있었던 감정은 오직 염려였습니다. 그는 내 차가 견인되도록 조치해주고, 내가 자기 가족이라도 되는 것처럼 지하철역까지 안전하게 길을 안내해 주었지요. 무섭게만 느껴졌던 세상에 갑자기 사랑이 넘실거렸습니다.

체육관의 사내들을 하나로 묶어주는 유대는 그들 사이의 갈등과 싸움에도 불구하고 존재한 게 아니라 도리어 갈등과 싸움 때문에 존재했습니다. 이것은 극단적 사례이기는 하지만, 인간 사이의 깊은 연결은 갈등 없이 이루어질 수 없다는 사실을 잘 보여줍니다. 누군가와 가까워지고 싶으면 내가 '교전 지대'라고 부르는 곳까지 깊이 들어가야 합니다. 이곳은 사람들이 자신의 취약한 부분을 내보일 만큼 서로 가까워지는 공간입니다. 약한 부분을 드러냈기에 두려움이 일고, 두려움은 이내 갈등을 낳습니다. 하지만 갈등을 올바르게 다룰 때 교전 지대에 속한 사람들 사이에는 진정한 유대가 생겨납니다. 갈등이 상대를 진심으로 알아갈 수 있는 일종의 감각기관처럼 기능한다고 생각해도 좋습니다. 교전 지대는 역동적인 장소입니다. 사람이 모이면 그 사이에서 어떠한 마법이 생겨나지요. 교전 지대에 들어갈 때 우리는 아래와 같은 이점을 누릴 수 있습니다.

- 세상과 진정으로 연결되어 소속감을 느낍니다.
- 이 공간에 머무는 것만으로 새로운 아이디어가 생겨납니다.
- 가장 깊은 차원에서 교전 지대는 영적인 장소입니다. 우리는 타인과 맺은 관계를 통해서 영적 세계를 즉각적으로 만날 수 있습니다.

많은 사람이 누군가와 맞붙어 싸우는 걸 꺼립니다. 갈등을 피하려는 마음이 너무 커서 세상에 마땅히 요구해야 할 것보다 훨씬 더 적은 걸 요구하고 맙니다. 그 결과 현대인은 역설에 놓이게 되었습니다. 수없이 많은 새로운 통신 기술에 둘러싸인 채 깊이 고립되어 버렸거든요. 사실 놀랄 일은 아닙니다. 기술이 실제로 누군가와 관계를 맺는 걸 돕는 일은 드무니까요. 우리는 기술을 대체로 갈등을 피하고 약점을 숨기는 수단으로 활용합니다. 수백만 명의 사람이 익명 뒤에 숨어서 소셜미디어 플랫폼에 접속하지요. 이메일은 얼굴을 마주 보고 나누는 대화를 피하게 해줍니다. 문자메시지는 실시간 대화를 나누는 걸 두려워하지 않고 메시지를 전달하게 해주고요. 갈등을 피하는 대신 얻은 이 강렬한 단절감이 극단으로 치달으면 혼자만의 세상에 빠져 급우들을 죽일 생각으로 총을 든 채 등교하는 청소년의 행동을 어느 정도 설명할 수 있을지도 모릅니다.

왜 스스로 삶을 제약하는 지경에 이를 정도로 갈등을 두려워하는 걸까요? 망상에 사로잡혀 있어서 그렇습니다. 누구나 자신이 '선하다'고 믿는 유아적인 부분을 내면에 간직하고 있어요. 그리고 우주는 '공정'해야 하므로 누가 우리와 의견을 달리하거나 심지어 우리를 싫어할 이유는 존재하지 않아야 마땅합니다. 그런데도 갈등은 잘도 일어납니다. 스스로 선하다고 믿는 우리에게 갈등은 극단적이고 부당하게만 느껴집니다. 우리는 갈등에 충격을 받고, 그 충격을 어떻게 처리할지 몰라 혼란에 빠집니다. 사실 우리가 느끼는 충격은 구체적인 분쟁이나 공격 요소에 대한 반응이 아니라 우리를 예뻐하지 않는 사람이 있다는 사실에 대한 반응입니다. 우리가 이렇게 좋은 사람인데 상대가 우리를 이만큼이나 오해한다는 걸 도저히 믿을 수 없지요. "어떻게 나를 그렇게 대할 수 있지? …나를?!" 미움을 받거나 오해를 사는 경험은 우리가 자신에게 품은 좋은 이미지를 산산조각 냅니다. 그것이 사람들이 기를 쓰고 갈등을 피하려 하는 까닭이지요. 하지만 갈등을 피하는 데 급급하다 보면 교전 지대에는 영영 들어갈 수 없고, 자연히 인생을 얄팍하게만 살게 됩니다.

진정으로 사람이 되고 어른이 되려면 갈등이 인생에서 회피할 수 없는 정상적인 부분임을 받아들여야 합니다. 갈등은 타인과 관계를 맺으려면 반드시 있어야 하는 것이므로 대단히 긍정적인 잠재력을 품고 있지요. 하지만 그 잠재력을 끌어내고 세상과 연결된 감각을 더 강하게 느끼려면 얼마간의 노력이 필요합니다.

우리는 대부분 계획이나 고차원적 목표를 미리 세우지 않고, 그때그때 놓이는 갈등 상황에 반사적으로 반응합니다. 갈등이 생기면 보통 어떤 일이 벌어질까요? 우선 우리 머릿속에서 상대에 대한 부정적인 평가가 끝도 없이 맴돌기 시작합니다. "내게 그런 말을 했다니 믿을 수 없어. 다시 만나기만 해봐라. 나도 말로 갚아줄 테니…!" 동시에 우리는 상대에게서 거리를 두고 우리만의 안전한 껍데기 안으로 숨어들어 갑니다. 그곳에서 시무룩한 상태가 되어 자기 자신을 온 세상과 단절합니다. 이런 반응은 미끄러지는 자동차를 반대 방향으로 돌리려는 시도만큼이나 비효율적입니다. 그래보았자 상황은 악화할 뿐이지요. 갈등이 일어나면 다른 어느 때보다도 시급하게 고차원적 세계에 연결되려고 노력해야 합니다. 그래야만 당면한 상황을 초월할 수 있지요. 고차원적 세계에는 우리를 통해 흘러가고, 우리를 진정시켜 주고, 우리에게 용기를 주는 힘이 존재합니다. 고차원적 세계는 평가가 이루어지지 않는 무한한 사랑의 세계예요. 우리가 무언가를 평가하거나 남에게 내어주지 않으려고 하는 그 순간에 우리는 돌멩이처럼 고차원적 세계에서 떨어져 나오고 맙니다. 그렇게 귀중한 자원을 잃고, 결국 좌절과 무력감만을 느끼게 됩니다. 곤경에 빠졌다는 기분에서 헤어날 수 없지요.

갈등이 일어났을 때 고차원적 세계에서 우리를 끌어내는 힘은 습관적이며 강력합니다. 그래서 노력이 필요해요. 이때 사용할 수 있는 가장 효과적인 도구는 이 책의 앞에서 가볍게 언급한 '적극적 사랑'입니다. 적극적 사랑을 실천하려면 의지를 발휘해야 합니다. 대부분의 사람이 사랑은 자연스럽게 찾아오므로 노력하지 않아도 된다고 순진하게 생각하며 살아가지요. 그러나 적극적 사랑은 우리가 평소라면 증오에 차 있을 상황에서도 사랑을 품게 해줍니다. 적극적 사랑의 목표는 우리가 다른 사람에게 치여도 쓰러지지 않게 하는 것입니다. 사실 상대에게 더 공격적으로 굴어야 할 때일수록 적극적 사랑을 더 많이 보내야 합니다. 그래야만 우리에게 힘이 생기니까요. 적극적 사랑은 우리를 아무도 막을 수 없는 고차원적 세계의 힘에 연결해 줍니다. 적극적 사랑을 실천하는 방법은 다음과 같습니다.

집중: 사랑이 주위의 모든 곳에 퍼져 있는 물질이라고 생각하세요. 우리를 둘러싼 이 물질을 흡수해서 가슴으로 모이게 하는 겁니다.

전송: 가슴에 모아놓은 사랑을 상대에게 보내세요. 상대가 그 자리에 없다면 머릿속 상대의 이미지를 향해 보내세요. 깊이 숨을 내쉬어 우리 안에 조금도 남은 게 없도록 하세요.

관통: 가장 중요한 단계입니다. 사랑이 상대의 몸에 들어가는 걸 멀뚱히 보고만 있지 말고 온몸으로 느끼세요. 찰나 동안 우리는 상대와 하나가 될 겁니다. 이 지점에서 우리는 고차원적 세계에 들어서게 됩니다.

사랑의 정의는 모든 걸 받아들이는 것이지요. 싫어하는 사람에게 사랑을 보낼 수 있다면, 우리는 삶에서 무엇이든 받아들일 수 있습니다. 방금 우리는 진정한 사랑을 경험했어요. 드디어 고차원적 세계를 활성화할 수 있었지요. 이것은 도덕의 문제가 아닙니다. 중력의 법칙을 따르듯 고차원적 세계의 법칙에 따르고 있을 뿐입니다. 자기도 모르게, 오로지 자기 자신을 위해서.

적극적 사랑의 열쇠는 사랑을 우리 주위를 둘러싼 물질로 보는 데 있습니다. 물질은 상대를 어떻게 판단하는지와 무관하지요. 우리가 싫어하는 자동차가 있다고 합시다. 그 차를 향해 호스를 틀어서 우리가 좋아하는 차만큼 깨끗하게 세차할 수 있어요. 적극적 사랑을 활용한다고 해서 상대의 행동을 승인한다는 뜻은 아니에요. 사실 상대는 여기서 상관이 없지요. 적극적 사랑을 보내는 행동은 설령 누군가에게 공격을 받더라도 고차원적 세계에서 끌려 나와 그 힘을 잃어버리지 않겠다고 선언하는 것입니다. 갈등이 위협할 수 없는 상태에 머물겠다고 다짐하는 것이지요. 그때 우리는 세상과 자유롭게 관계를 맺을 수 있습니다.

이것이 갈등 해소를 바라보는 새로운 관점입니다. 분쟁의 구체적인 내용을 타협하는 것만으로는 둘 사이에 오래가는 유대가 형성되기가 힘들지요. 시간이 흐르면 새로운 세부 사항이 등장하고 새로운 분쟁이 일어나기 마련입니다. 갈등을 해결하는 열쇠는 당사자들이 갈등이 일어날 때마다 재깍 자신의 공포와 증오를 올바르게 처리하는 데 있습니다. 갈등에 놓인 모든 이가 이런 작업에 착수하면 힘든 상황에서 정신적인 노력을 기울인 보상으로 선의가 생겨납니다.

오로지 그 선의 덕분에 우리는 다른 사람과 계속 연결된 채 살아가야 한다는 믿음을 지켜낼 수 있습니다.

만일 당신의 삶이
내 것이었다면

한때 전도유망한 젊은 여배우가 내담자로 나를 찾아왔습니다. 그 배우는 경력을 쌓아나가다가 똑같은 장애물을 거듭 마주쳤어요. 그 장애물은 다름 아닌 가장 친한 친구였습니다. 그 친구 역시 배우였는데, 내담자와 달리 친구는 운명의 총애를 받는 듯했습니다. 내담자도 훌륭한 배우였지만 친구는 더욱 뛰어났어요. 그 친구가 매료하지 못할 남자는 세상에 없을 것 같았습니다. 두 사람이 같은 배역에 도전했지만 내담자의 친구가 최고의 배역을 거머쥐는 일이 몇 차례나 있었지요. "걔는 내가 원하는 삶을 살고 있어요." 내담자는 내게 이렇게 말하고는 했습니다. 평소에는 잘 다잡고 있던 질투가 마침내 어느 해 텔레비전 파일럿프로그램 오디션 시기에 폭발하듯 터져 나왔어요. 두 사람은 앙상블 쇼*에서 같은 배역에 지원했고, 평소처럼 내담자의 친구가 배역을 따냈어요. 둘 다 만족스럽지 못한 결과였습니다. 내담자는 친구를 향한 질투를 더는 억누를 수 없었어요. 한편 내담자의 친구는 자신은 드라마 주역감인데 자기 역량보다 못한 배역을 맡게 되었다고 느꼈습니다. 그런데 그로부터 얼마 뒤, 돌이켜보면 신의 손길이 닿았다고밖에 생각할 수 없는 사건이 일어났어요. 그 드라마의 첫 화가 방영되기 전에 내담자의 친구는 바라던 대로 다른 작품의 주역을 맡게 되었습니다. 원래 친구가 맡기로 했던 배역은 자연스럽게 내담자에게 넘어왔어요.

그러나 그것으로 상황이 가뿐하게 해결되지는 않았습니다. 내담자는 오히려 그 어느 때보다도 친구에게 화

---

* 다수의 연기자가 비슷한 비중으로 연기하는 유형의 드라마

가 치밀었어요. 분통을 터뜨리는 그에게 나는 소원이 이루어진 게 아니냐고 말했습니다. 내담자가 바라 마지않던 대로 친구의 삶에 들어서지 않았나요. 그러나 내담자는 자신이 남이 남긴 찌꺼기에 만족하는 처지로 전락한 기분이라고 답했습니다. 질투는 이내 강박으로 발전했어요. 그는 새 배역에 도통 집중하지 못해서 해고당할 뻔하기까지 했지요. 새로 생긴 장난감이 원래 원했던 것과 다르다고 망가뜨리는 어린아이와 다를 바 없는 태도였습니다. 결국 그는 친구에게 절교를 선언한 뒤에야 일에 집중할 수 있었습니다. 친구는 당황하고 상처받았지요.

이윽고 드라마가 방영되기 시작했어요. 내담자의 친구가 출연한 드라마는 크게 실패한 나머지 결국 조기에 종영하는 데 이르렀습니다. 반면 내담자가 출연한 드라마는 대히트를 쳤습니다. 그와 동료 배우들은 모두 스타가 되었어요. 내담자의 꿈이 이루어진 것입니다. 하지만 스타가 된다는 건 막상 겪어보니 멀리서 꿈꾸던 것과는 퍽 달랐습니다. 내담자는 외모에 강박이 생겼고, 동료 배우들을 질투했고, 언론에 자신에 대한 나쁜 기사가 한 줄이라도 나올까 봐 전전긍긍했어요. 그중에서도 제일 나쁜 건 전과 달리 연기가 즐겁게 느껴지지 않는다는 점이었습니다. 이때 다행스러운 사건이 하나 일어났습니다. 절교했던 친구가 성공을 축하하러 전화한 것입니다. 내담자는 친구에게 말했습니다. "네 삶 말인데, 내가 생각했던 것만큼 좋지 않네." 꿈꾸던 대로 친구와 같은 스타가 되었는데 상상과 다르다는 의미로 한 말이었습니다. 하지만 친구는 그 말을 친구의 지금 삶을 평가하는 말로 오해하고, 사실 지금 꽤 괜찮다고 답했어요. 아예 폭삭 망해보고 나니 전보다 도리어 차분해지고 다른 사람들과도 더 가까워진 기분이 든다는 것이었지요. 이 대화는 내담자에게 충격을 주어 그가 현실로 돌아오게 만들었어요. 내담자는 망가져 가던 삶과 우정을 회복하려 노력하기 시작했습니다.

그 내담자가 친구를 질투한 이유는 명확합니다. 그런데 왜 그는 자신이 그토록 바라던 걸 손에 넣었을 때조차 행복할 수 없었을까요? 진실은, 진정한 만족은 무엇을 가지고 무엇을 가지지 못했는지와는 전혀 무관하다는 것입니다. 우리의 행복은 오로지 우리가 어떤 세계에 살기로 했느냐에 달렸습니다. 진정한 삶이 존재하는 세계가 있고, 결핍이 존재하는 더 낮은 차원의 세계가 있습니다. 둘 중 무엇을 선택하느냐는 우리 정신 상태에 달렸습니다. 질투는 우리를 저차원적 세계로 끌어내립니다. 우리는 남들이 가진 것을 끝없이 부러워하지요. 단지 좋은 차와 집과 돈을 부러워하는 게 아니라 명성과 아름다운 외모와 인간관계마저 부러워합니다. 다른 사람이 가진 무언가를 부러워하는 순간 그것이 제한적으로 공급된다고 가정하는 셈입니다. 결핍이 존재하는 세계에서는 자연히 다른 사람과 경쟁해야 하지요. 손님이 여섯 명 왔는데 케이크는 다섯 조각밖에 없는 파티를 상상해 보세요. 케이크를 먹지 못하는 사람이 생기게 마련입니다. 그 내담자는 친구에게 느낀 질투심에 발목을 붙들린 나머지 결핍이 존재하는 세계로 끌어내려졌습니다. 그 세계에서는 다른 사람을 믿을 수 없었습니다. 창조력은 가로막혔고, 연기에 느끼던 자신감도 사라졌어요. 아무리 큰 성공을 거두어도 그 세계에서 벗어날 길은 보이지 않았지요. 사고의 틀을 바꾸지 않는 이상 결핍이 존재하는 세계에서 탈출하는 건 불가능했습니다.

모든 게 충분하고 흐름이 존재하는 세계는 다른 어디도 아닌 우리 안에 있습니다. 이곳에는 결핍이란 없습니다. 고차원적 힘이 우리가 끝없이 창조하게 해주니까요. 위에서 말했던 파티를 다시 상상해 보세요. 단, 아까와 달리 누군가 케이크 조각을 가져갈 때마다 새로운 케이크 조각이 생겨난다고 상상해 보세요. 그러면 다른 사람을 질투하지 않아도 됩니다. 누구나 케이크를 원하는 만큼 배불리 먹을 수 있으니까요. 하지만 여기에는 함정이 하나 있습니다. 바로 고차원적 세계는 끊임없이 움직인다는 것이지요. 그 세계를 발맞추어 따라가려면 우리 역시 우리 삶에서 계속 앞으로 나아가야 합니다. 이때 우리가 움직여야 하는 방향은 임의의 방향이 아닙니다. 우리에게는 모두 운명으로 미리 정해진 인생의 길이 있지요. 그 길을 가다 보면 자주 난관에 부닥칩니다. 때로는 심한 가시밭길을 걷게 되기도 합니다. 하지만 우리에게는 난관과 고통이 필요합니다. 그것들이 우리에게 우리 자신보다 더 큰 무언가와 연결되는 법을 가르쳐주거든요.

우리가 각자 다른 만큼 우리가 고차원적 세계로 나아가는 길도 개인마다 고유합니다. 그 내담자의 친구는 자신이 욕심내어 주역을 맡은 드라마가 실패하고 나서 그 길을 얼핏 보게 되었습니다. 자기 에고보다 더 큰 무언가를 발견한 것이지요. 자신이 올바른 길에 올랐는지를 논리적으로 증명할 방법은 없습니다. 올바른 길의 존재를 감지하도록 해주는 삶의 방식이 있을 따름이지요. 열쇠는 현재 우리에게 일어나는 일이 반드시 일어나기로 되어 있는 일이라고 느끼도록 자기 자신을 훈련하는 것입니다. 그 일이 설령 원하지 않는 거라 해도 마찬가지예요. 인생에서 일어나는 사건 하나하나가 개인에게 고유하게 속하는 것이므로 개인에게 의미가 있습니다. 이 의미가 있다는 감각 덕분에 우리가 걸어가야 하는 길에서 다음 발걸음을 뗄 힘을 얻습니다. 우리가 할 수 있는 일은 그것뿐이지요.

질투는 우리가 의미를 경험하지 못하도록 방해함으로써 우리의 길을 가로막습니다. 누군가를 질투한다는 건 자신이 걷는 길보다 그 사람이 걷는 길을 밟고 싶다고 자기 자신에게 말하는 것과 같아요. 그 순간 우리가 걷는 길은 무의미해집니다. 우리 인생도 덩달아 무의미해지지요. 그러니 질투는 단순히 다른 사람이 가진 물건을 탐내는 것 이상을 뜻합니다. 사실 우리가 다른 사람을 질투하는 건 그를 오해하기 때문입니다. 우리는 그가 우리와는 달리 인생의 길을 걸으면서 역경과 불확실성을 겪지 않는 다른 세상에 살고 있다고 오해하지요. 우리 눈에 더 좋은 몸매, 더 큰 차, 더 나은 직업 등 그가 물질적으로 가진 건 그가 우리보다 더 유리하게 돌아가는 세상에 살고 있음을 보여주는 증거가 됩니다. 하지만 이는 망상일 뿐이지요. 무엇을 얼마나 갖고 있든 간에 역경이나 불확실성에서 벗어날 수 있는 사람은 없습니다. 그런데도 이 망상에 저항하기는 어렵습니다. 우리는 인류의 역사에서 전례 없는 수준의 부에 둘러싸여 있습니다. 그 결과 아무도 입에 올리지는 않지만 우리 사이에서는 시샘이라는 전염병이 돌고 있습니다. 심지어 가진 게 많은 신흥 부자조차 이 병에 걸립니다. 그들은 자기보다 더 많은 걸 가진 사람을 질투하지요.

질투를 단순한 장애물로 치부해서는 안 됩니다. 질투는 큰 위험을 일으킬 수 있어요. 자신이 걸어가야 할 길을 올곧이 걸어가는 데 실패할 경우, 나를 잃어버리고 영적 죽음을 겪게 되니까요. 다른 사람을 질투하는 감정을 내려놓고 자신의 길로 돌아오려면 아주 강력한 힘이 필요합니다. 그만큼 강력한 힘은 세상에 단 하나뿐인데, 바로 사랑입니다. 사랑의 속성은 무언가를 있는 그대로 받아들이는 것이지요. 질투하는 사람에게 사랑을 보낼 때에야 그들이 우리에게는 없는 무언가를 갖고 있다는 걸 인정하게 됩니다. 그들이 무엇을 가졌든 그 무언가는 그들이 걸어가는 길에 속해 있으며, 우리와는 무관하다는 사실을 환기하게 되지요. 이제는 물질에서 만족을 찾는 일은 그만두게 됩니다. 이 모든 일이 사랑을 보낸다는 단순한 행위에서 시작됩니다. 이런 행위는 우리를 자동으로 고차원적 세계로 이끌어줍니다. 우리를 충만하게 채워주고 우리가 갖지 못한 것에 느끼는 집착을 느슨하게 풀어주는 사랑의 행위는 일종의 성취감을 불러일으킵니다.

질투하는 상대에게 사랑을 보내는 일에 대해 사람들은 흔히 이렇게 말하며 난색을 보입니다. "그 사람이 싫은데 어떻게 사랑을 보낸단 말입니까?" 그 대답은 사랑은 우리가 상대를 인정한다는 표현이 아니라는 겁니다. 사랑은 우리 자신을 위해 우리의 의지로써 만들어내는 고차원적 힘이지요. 이를 가능하게 해주는 도구는 앞에서 말한 '적극적 사랑'입니다. 그나저나 내가 '적극적'이라는 단어를 쓰는 이유는, 사랑이 쉽게 찾아오지 않는 상황에서 누군가에게 사랑을 보내려면 적극적으로 노력해야 하기 때문입니다. 첫째로, 정신을 집중해서 사랑이 우리를 둘러싼 세상에 퍼져 있는 물리적 에너지라고 상상합니다. 그 에너지를 우리 쪽으로 끌어당겨, 심장에 모이는 걸 느끼세요. 두 번째 단계는 전송입니다. 우리 가슴에 모인 에너지를 당신이 질투하는 사람의 이미지를 향해 보내세요. 에너지가 상대 쪽으로 움직이는 걸 느껴보세요. 조금도 남기지 말고 전부 상대에게 쏟아붓는 겁니다. 마지막이자 가장 중요한 단계는 에너지가 상대에게 들어가는 걸 그냥 보고 있지 말고 적극적으로 느끼는 것입니다. 찰나의 순간, 사랑 덕분에 우리는 상대와 하나가 됩니다. 이것은 회로를 닫는 행위와 비슷합니다. 곧 고차원적 세계에 진입해 흐름의 감각을 느끼게 될 거예요. 이제는 다른 사람이 무엇을 가졌든 조금도 신경 쓰이지 않을 겁니다. 상대를 놓아버릴 수 있습니다. 자신을 되찾을 수 있지요. 그리고 자기가 가는 길에서 디뎌야 할 다음 발짝에 집중할 수 있을 거예요.

거짓된 희망의 결과
두 가지

◉　　　　　　　　의사로 일하다 보면 내담자에게 **약을 주
지 않기가** 더 힘들 때가 있습니다. 내담자가 약을 먹겠다
고 고집하지만 내담자를 위해서는 거절해야 하는 상황이
지요. 프로작과 같은 항우울제는 적절히 사용하면 신의
선물이 될 수 있지만 어떤 경우에는 병 자체보다 더 나쁜
약이 되기도 하거든요. 명문 대학에서 영어 교수로 일하
는 30세 남성 조의 상황이 그랬어요. 카리스마가 넘치는
조는 강의실과 사교 행사에서 빛을 발했지요. 또 소설 한

권을 베스트셀러 목록에 올린 어엿한 소설가로서도 자리를 잡아가고 있었고요. 문제는 조를 혼자 내버려두면 다음 강의나 책 사인회가 있을 때까지 그야말로 폐인 꼴로 지낸다는 것이었습니다. 주말에는 엉망이었고, 중간고사 기간과 여름방학에는 더욱 엉망이었지요. 집은 난장판으로 내팽개쳐 두고 하루를 보낼 계획 따위는 전혀 없이 텔레비전 앞에서 마냥 늘어져 있는 게 조의 일과였지요. 그런 모습은 부모를 잃어버린 아이 같기도 했고, 어찌 보면 인생에 환멸을 느끼는 노인 같기도 했습니다. 당연히 소설가로서 조의 경력은 시작하자마자 끝장날 위험에 빠지고 말았지요. 조가 자신이 처한 상황을 보는 관점은 거의 우스꽝스러울 정도로 왜곡되어 있었습니다. 기분이 암울해질 때마다 조는 내게 물었습니다. "왜 하필 지금이죠?" 마치 깜짝 놀랄 만한 일이 일어났다는 투였어요. 산타클로스나 메시아를 기다리듯 언제쯤 다시 즐거움이 찾아올지 묻는 조의 어조는 애처롭기 짝이 없었지요. 우디 앨런의 영화에서라면 웃긴 장면이겠지만, 현실에서는 현재진행형 재난이었습니다.

조가 처한 상황에도 불구하고 나는 항우울제를 처방하

지 않았습니다. 조는 처음에는 약을 달라고 징징거리더니 종국에는 애원하기에 이르렀어요. 하지만 나는 꿈쩍도 하지 않았지요. 조가 약물을 다루는 태도는 애초에 우울증을 유발한 사고방식 자체에서 기인했거든요. 보통은 진료를 보는 정신과의사가 약물을 권한다면 진지하게 고려해야 합니다. 상황이 보기보다 더 나쁜 때도 있으니까요. 하지만 조의 경우는 그렇지 않았어요. 조가 나아질 방법은 약을 먹는 게 아니라 인생에 대해 품은 망상을 솔직히 직시하는 것이었습니다. 단순하게 말하자면 조는 외부 사건으로 자기 기분과 동기를 조절할 수 있다는 망상을 믿고 있었습니다. 알코올이나 학생들의 찬양이나 명성처럼 바깥에 있는 것들이 자기 상태를 좋아지게 해주기를 바랐어요. 이를테면 위험하리만큼 불안정했지만 성적으로는 짜릿했던 대학 시절 여자 친구와의 관계를 떠올리며 언제 다시 그런 "사랑에 빠질" 수 있을지 물었어요. 사랑은 조의 바깥에서 조를 행복하게 만들어주는 요소였지요. 조가 보기에는 프로작도 그랬습니다.

바깥의 무언가가 자기를 행복하게 해주리라는 믿음

은 거짓된 희망입니다. 그리스인은 이를 두고 '신의 미심쩍은 선물'이라고 불렀지요. 거짓 희망을 품을 때 현실에서 맞이할 수 있는 결과는 단 두 가지입니다. 희망했던 일이 일어나지 않거나, 일어난다고 해도 그 효과가 빠르게 사라지거나. 어느 쪽이든 거짓 희망을 품은 사람은 전보다 못한 상태에 놓이게 됩니다. 희망을 품고 기다리는 과정에서 자신을 외적 결과에 집착하도록 훈련했으니까요. 아우슈비츠 강제수용소 생존자인 정신과의사 빅터 프랭클의 저서 『죽음의 수용소에서』에는 극단적이기는 해도 이를 잘 보여주는 사례가 등장합니다. 1944년, 수용소 안에서 연합군이 크리스마스 전에 수용소를 해방할 거라는 소문이 돌았어요. 크리스마스가 점점 다가왔고 마침내 지나가기까지 했지만 몇 달이 지나도 연합군은 코빼기도 보이지 않았지요. 수용소에서 의사로 일한 프랭클은 그 어떤 시기보다도 그해 크리스마스와 새해 사이에 더 많은 사람이 죽었다고 말했습니다. 프랭클은 이를 수감자의 희망이 좌절된 탓이라고 여겼지요. 그리고 극단적 환경이었던 수용소에서 자신이 생존할 수 있었던 건 기분을 일관적으로 유지하는 내적 도구를 개발한 덕분이라고 주장했습니다.

진실은 이러합니다. 인간은 결코 물질세계로써 행복해질 수 없습니다. 우리는 영혼을 가진 존재이기에 새로운 것을 창조하고 자신의 가치를 실현하며 고차원적인 세계와 접촉할 때만 감정적으로 건강해질 수 있어요. 우리에게 공기가 필요하듯 고차원적 힘도 필요합니다. 뜬구름 잡는 이야기가 아니라 인간의 본성이 엄연히 그러해요. 그런데 고차원적 힘과 닿은 채로 살아가려면 꾸준히 노력해야 합니다. 하지만 이렇게 노력하는 일을 피하고자 하는 것 역시 인간의 본성입니다. 그래서 노력하지 않아도 외부의 무언가가 기분을 좋게 해줄 테니 소극적인 태도를 유지해도 된다는 망상에 사로잡혀 살아가지요. 이런 헛된 바람을 기준으로 보면 우울증은 바깥 세계에서 충분히 돌봄을 받지 못한 결과라고 할 수 있습니다. 이런 의미에서 우울증은 역으로 우리에게 훌륭한 스승이 되어줍니다. 또다시 우울감이 덮칠 때마다 바깥 세계에 의존할 수 없다는 사실을 깨닫게 되니까요. 이런 깨달음이야말로 우울증을 극복하는 첫 발짝을 내딛는 겁니다.

바깥 세계가 자기 기분을 조절해 주리라는 희망을 버

리면, 외부 조건과 무관하게 스스로 좋은 기분을 유지하는 것만이 유일한 대안이 됩니다. 기분 조절을 자기 책임으로 받아들이는 일이야말로 우울증과 싸워서 이기고자 하는 두 번째 발걸음입니다. 조는 자기가 처한 상태에 대해 전혀 책임감을 느끼지 않았어요. 프로작을 써서 책임을 계속 회피하기만을 원했지요. 처음 조에게 외부에 도움을 구하지 않고 오로지 내적 수단만으로 자기 기분을 통제할 수 있다고 이야기했을 때 그는 내게 미친 소리를 한다는 듯한 시선을 던졌어요. 우리가 속한 문화 전체가 자기 바깥의 무엇으로써 기분을 조절한다는 전제 아래 이루어졌으니 영 헤아리지 못할 태도는 아닙니다. 자기 기분에 대해 책임지겠다는 결정은 생각만으로 끝나지 않고 매 순간 자신을 감시할 의무 또한 불러오지요. 자기 기분을 스스로 책임지는 건 한 사람이 자신을 해방하기 위해 할 수 있는 가장 좋은 일인 동시에 가장 따분한 일입니다. 그렇게 이루어낸 자유롭고도 지겨운 짧은 순간의 연속 속에서만 우리는 고차원적 세계와 연결될 수 있어요. 그러니 사기가 꺾이고 우울해지고 타성에 젖을 때마다 즉시 무력감에 맞서 싸워야 합니다.

인생에서 이런 어두운 막간은 스위스 치즈에 뚫린 구멍과 같이 우리가 인생과 맺은 관계에 뚫린 구멍이자 고차원적 세계와의 연결이 끊어져 버린 지점입니다. 누구나 정도만 다를 뿐 이런 구멍이 있지요. 그러나 구멍이 있다는 걸 알아차리더라도 자신이 노력해서 스스로 상태를 바꾸어야 한다는 책임감은 느끼지 못합니다. 그건 비극입니다. 우리 에너지에 뚫린 이런 구멍은 인생을 이끄는 힘의 속성을 바꿀 대단한 기회거든요. **인생의 힘이란 알고 보면 습관의 연속일 뿐이지요.** 자극이나 인정이 필요할 때마다 바깥을 두리번거리는 게 습관이라면 원하는 걸 얻지 못할 때마다 우울해질 겁니다. 그러나 자기 기분을 스스로 책임져야 한다는 내적 책임감을 품고 살면서 인생의 구멍을 느낄 때마다 고차원적 힘과 연결하려고 행동한다면 새로운 차원의 에너지와 활력을 얻는 습관을 들이게 될 거예요.

자기 기분을 스스로 책임져야 한다는 원칙을 머리로는 받아들이고 있는 사람조차 우울한 순간에는 아무 일도 하지 않는 경향이 있습니다. 다른 무엇도 아닌 내적 도구만을 사용해 어두운 기분에서 벗어날 수 있다는 감각이 아직 부족해서 그렇습니다. 우울증을 극복하는 핵심은 바로 이런 가능성을 인지하는 감각입니다. 이 영역에서 자신감을 키우려면 내적 도구를 갖추고, 그 도구가 어떻게 작동하는지 실제로 경험해 보아야 하지요. 그래야만 기분을 바꾸는 데 필요한 조치를 기꺼이 취할 수 있어요. 내적 도구를 반복해서 사용하고 때로는 하루에 몇 차례씩 꺼내 들 의지가 생겨날 겁니다.

효과가 매우 좋은 도구 하나를 소개합니다. 내가 '변화의 동기 부여'라고 부르는 도구입니다. 이 도구는 부정적인 감정을 순수한 동기로 바꾸어줍니다. 순수한 동기는 고차원적 의지로서 우리가 앞으로 나아가도록 돕지요. 시간을 들여 이를 실천한다면 기분을 체계적으로 바꿀 수 있다는 사실을 확인하게 될 거예요.

우울해질 때 특유의 묵직하고 기운 빠진 기분을 느끼는 데에서부터 시작합니다. 그 기분에 집중하고, 스스로에게 지금부터 그 기분을 긍정적으로 바꿀 거라고 이야기하세요. 자기 머리 위에 제트기류와 같은 강렬한 에너지의 흐름이 있다고 상상해 보세요. 이제 당신을 인생에서 나아가게 하는 어떤 행동을 취하는 자기 모습을 그려 봅니다. 모험을 감행하거나 지금까지 회피해 온 어떤 일을 시도하거나 글을 쓰고 운동하고 명상하는 등 일상적인 행동을 하는 것, 무엇이든 괜찮습니다. 방금 머릿속에서 그린 구체적인 그림을 머리 위의 제트기류에 실어 보냅니다. 다음으로 자신이 그 행동을 할 때의 기분을 느끼고, 그 느낌이 자신을 떠오르게 만든다고 상상하면서 그림을 향해 일직선으로 날아 올라가는 것입니다. 그 행동을 하는 일 외에는 아무것도 중요하지 않다고 자기 자신에게 말하세요. 위로 올라갈수록 자신을 둘러싼 세상이 서서히 사라지는 걸 느껴봅니다. 이제 세상에 남은 건 그 행동뿐입니다. 더 높이 올라가서 내가 상상한 그림으로 들어가세요. 그림에 도착하면 '나에게는 목적이 있다'라고 자기 자신에게 말하세요. 강렬한 에너지가 느껴질 겁니다. 마지막으로 눈을 뜨고 내가 그린 행동을 실천하기로 마음먹었다고 자기 자신에게 말하세요. 이제는 위에 있는 그림이 나를 한결 가볍게 끌어올려 주는 느낌을 받을 거예요. 내 존재가 더 커지고 활력이 느껴질 겁니다.

이 도구는 한번 익혀두면 처음부터 끝까지 가는 데 15초
밖에 걸리지 않습니다. 우울한 시기에 반복해 활용하면
인생의 동력에 변화를 일으킬 것입니다.

현자의 말을
낭비하지 않는 법

과거에 큰 곤경에 빠진 30대 남자를 치료해 본 적이 있습니다. 그가 속한 법무법인에서 어느 전자기기 회사가 덩치 큰 경쟁사에 인수당하는 건을 다루고 있었어요. 인수 거래가 아직 비밀에 부쳐져 있었을 때 그는 기자인 친구에게 그 건을 흘렸습니다. 아무도 불법 거래를 하지는 않았지만 그가 기밀정보를 누설한 게 회사에 발각되었어요. 그에게는 사직이라는 선택지가 주어졌습니다. 사직을 거부한다면 증권거래위원회에서 공식

조사에 들어갈 거라는 협박이 뒤따랐고요. 당시 내담자는 법무법인에서 신에 스타로 떠오르고 있었습니다. 고급 정장 차림으로 굵은 시가를 피우던 그는 '성공한 남자'의 전형이었지요. 그러나 이제 그의 앞에는 괴로운 선택이 놓여 있었습니다. 사직하면 그가 그토록 바랐던 지위를 잃게 됩니다. 사직하지 않고 문책을 정면 돌파하려 시도했다가는 자칫 중범죄로 고발될 수도 있었고요.

이 남자의 아버지는 사업가로서 이른 나이에 성공을 거두었습니다. 그는 아들처럼 영리하고 설득력이 뛰어났지만 고집불통이었지요. 주위 사람들이 건네는 현명한 조언을 무시하고 무리하게 사업을 확장해 나가다가 결국 파산하여 빚더미에 앉고 말았습니다. 그 뒤로는 아내와 아들을 버리고 플로리다로 이사한 뒤 야간 경비원으로 일하며 좁은 폭의 삶을 살아갔습니다. 아들은 아버지를 증오했어요. 자신을 버렸으니까요. 그리고 무엇보다도 실패했으니까요.

내담자는 이러지도 저러지도 못하는 딜레마 앞에서 우울감에 빠져들었습니다. 어느 한쪽을 선택할 수 없어 마비된 기분이라고요. 자기 삶과 아버지의 삶이 꼭 빼닮은

듯이 느껴진다고 했어요. 나는 그에게 몇 년째 연락이 끊긴 아버지와 상의해 보면 어떻겠냐고 제안했습니다. 그가 용기 내어 건 전화 한 통은 플로리다 방문으로 이어졌고, 그는 그곳에서 원룸에 살고 있는 70세의 아버지와 재회했습니다. 한때는 어딜 가든 주목받았던 아버지가 이제 생쥐처럼 초라하고 조용한 노인이 되어 있었지요. 아들의 눈에 아버지는 말 그대로 과거와는 딴사람이었어요. 그러나 아들에게 가장 큰 충격을 안겨준 건 따로 있었습니다. 아버지는 아들이 어떤 상황에 부닥쳤는지 즉시 이해하고, 열변을 토하며 사직을 권유했어요. 그렇게 몇 해가 지나고 나자 그때 아버지의 조언을 받아서 내린 결정의 진가가 드러났지요. 아들은 변호사 자격 박탈을 면했고 범죄 기록이 남는 것도 피했기에 과거의 과오를 덮고 화려하게 재기할 수 있었습니다.

그런데 이렇게 바람직하게 일이 풀리는 경우는 지극히 드뭅니다. 보통은 정반대지요. 우리는 성인이 된 뒤로는 부모와 거의 아무것도 상의하지 않고 살아갑니다. 사실 '늙었다'고 여기는 사람에게 지도해 달라고 의견을 구하는 일은 없다고 해도 과언이 아닐 정도예요. 귀중한 천연 자원이 낭비되고 있는 셈이지요. 나이 든 사람의 의견을 구하지 않는 건 계좌에서 자금을 인출하지 않겠다고 고집을 부리다가 사업이 망하는 광경을 보고만 있는 것과 비슷한 실수입니다. 모든 부모가 어른이 된 자녀를 도울 수 있다는 말은 아닙니다. 부모가 반드시 우리보다 잘 알고 있다는 의미도 아니에요. 그러나 부모가 겪은 인생 경험의 총합에 가치가 없다고 생각하는 건 합리적이지 못합니다. 게다가 여기에는 영적으로 해로운 영향도 뒤따릅니다.

노인을 무시할 때 세대 간 균열이 커집니다. 우리는 모든 세대가 부모 세대에게서 벗어나겠다고 아등바등하는 문화에 살고 있지요. 청소년기에는 부모가 아무것도 모른다고 느끼는 게 정상입니다. 지금껏 자신이 삶을 의존해 온 사람들에게 반항하면서 처음으로 자의식을 획득하는 시기니까요. 우리의 에고는 스스로 운명을 빚어나갈 수 있다고, 자기보다 더 높은 차원의 힘에 기대지 않고 혼자서 잘 살아갈 수 있을 만큼 세상을 잘 '안다'고 느끼기를 원합니다. 청소년기에서 벗어나 어른이 된다는 건 우리 자신의 의지보다 더 큰 힘들과 조우하면서 이런 태도를 버려나가는 과정이지요. 개인의 에고가 실패했을 때 지혜를 내어주고 든든한 뒷받침이 되어주는 게 사회의 영적 기능입니다. 이때 나이 든 사람들이 특별한 역할을 해내지요. 그들의 지혜를 받아들이는 일이야말로 그들과 계속해서 연결되는 길입니다. 사회가 노인을 거부하는 것은 자기 머리를 스스로 베어내는 것과 같습니다.

노인을 무시하는 데는 한 사람이 살아온 삶의 총합에 아무 의미가 없다는 **함의**가 깔려 있습니다. 고대 세계에서는 긴 세월을 살아가는 동안 얻은 지혜야말로 무엇보다도 귀중했어요. 경험의 깊이가 없이는 현명해질 수 없다고 여겼지요. 삶의 경험은 **살아 있는 지혜**로서 존경받았습니다. 오늘날 우리는 과거와는 정반대로 추상적이며 거의 어느 나이에든 숙달할 수 있는 지적 지식을 숭배합니다. 이제 미국 내 자산의 큰 부분을 관리하는 사람은 뮤추얼펀드를 운영하는 젊은이들입니다. 그들은 기술적으로는 훌륭하게 훈련받았을지 몰라도 금융위기를 직접 겪어 본 적은 거의 없어요. 피할 수 없는 위기가 찾아왔을 때 그들이 어떻게 반응하는지 지켜보면 흥미로울 것입니다. 하지만 우리 문화에서 가장 해로운 건 따로 있습니다. 진정한 지혜 대신 명성을 떠받드는 나머지 스물네 살먹은 운동선수와 연예인의 의견을 듣고자 갈구한다는 것이지요. 이것이야말로 진정으로 무서운 책임의 포기입니다. 인간의 삶에는 자연스러운 형태와 리듬이 존재합니다. 모든 삶이 똑같아야 한다는 의미는 아니지만 사실 우리는 대체로 삶에서 엇비슷한 단계를 밟아나가고 있습니다. 살아가면서 무언가를 창조하고 있지요. 고대인은 이것을 느꼈습니다. 그들은 긴 인생 동안 신이 나무를 빚어내듯 우리도 빚어냈다는 걸 느낄 수 있었어요. 고대인에게 늙은이는 더 완전했으며, 따라서 더 귀중한 존재였지요. 그런데 우리는 이런 관점을 완전히 내버렸습니다. 이제 나이 든 사람을 뒤틀린 기준으로 대하지요. 그들이 진정한 지혜를 얻은 바로 그때 목소리를 빼앗는 겁니다.

늙은이를 거부하는 건 젊은이에게 공포와 자기혐오를 일으킵니다. 우리는 우리도 언젠가는 나이가 든다는 사실을 압니다. 또한 우리가 살아가는 사회에서 늙음이 수치와 결부된다는 것도 알지요. 이런 관점에서는 우리가 살아내는 하루하루는 축복이 아닌 실패가 됩니다. 그 결과 우리는 긴 인생을 전체적으로 조망하지 못하고 당장 성취를 이루어야 한다는 강박에 사로잡히고 말아요. 그 탓으로 과잉행동, 경쟁, 시기와 같은 현대인의 나쁜 습관이 악화합니다. 사람들은 40대 후반에 이르면 나이 들어가는 자기 자신을 적극적으로 혐오하기 시작합니다. 신의 의지가 깃든 삶의 총체를 살아간다는 믿음이 없는 사람은 돈이나 명성이 아무리 많아도 결코 마음의 평화를 얻지 못합니다.

사회에서 연장자가 맡는 특별한 역할에는 단순히 그들에게 인생 경험이 풍부하다는 것보다 훨씬 큰 의미가 있습니다. 그들은 거주하는 공간 자체가 다른 이들과는 달라요. 우리의 육체는 그 나름의 동력과 욕망이 있어서 어떤 의미에서는 우리가 영적인 경험을 하지 못하도록 막습니다. 육체적 경험에 대해 거의 강박을 느끼는 20대에게서 이 사실이 가장 극명하게 드러나지요. 20대에 우리는 물질세계와 매우 긴밀하게 엮여 있습니다. 그래야 마땅한 시기이지요. 반면 늙은 사람들은 신체적으로 병이 없어도 그와는 정반대 처지에 놓여 있어요. 그들의 몸은 여전히 이곳에 있지만 젊은 사람들과 같이 세상에 애착을 느끼지는 않습니다. 어린아이들처럼 그들은 신과 더 가깝습니다. 하지만 어린아이들과 달리 그들에게는 자신의 지혜를 우리에게 전달해 줄 능력과 경험이 있어요. 그들은 이기심과 두려움 탓에 판단력이 흐려지는 일 없이 더 높은 차원의 관점에서 세상을 볼 수 있습니다. 그것이 고대인이 노인을 공경한 까닭입니다.

연장자의 마음을 여는 건 아주 어려운 일은 사실 아닙니다. 그들이 많은 말을 하지 않는다고 해서 할 말이 없다고 지레짐작하는 실수를 범하지 않으면 됩니다. 우리 사회가 노인에게 보이는 태도 탓에 그들은 자신이 성인인 자녀의 삶에 대해 어떤 의견을 낼 처지가 아니라고 느끼기 일쑤지요. 그들은 우리가 청해야만 입을 엽니다. 그들은 젊은 사람들이 생각하는 것보다 더 감정적으로 약합니다. 돈이 있는 노인조차 갈수록 자신이 하찮은 존재가 되어간다고 느끼지요. 어릴 때 아이의 눈에 부모는 신과 같은 힘이 있는 듯 보입니다. 다 자라 어른이 되고 나면 한때 그렇게 강해 보였던 부모가 이제는 무력하기 짝이 없으며, 자녀와 소원해질까 봐 행동을 조심한다는 사실을 잊어버리기 쉽지요. 그들이 30년 전에 얼마나 강했든 심지어 우리를 얼마나 학대했든 달라지는 건 없습니다. 현재 그들은 기본적으로 곤궁한 조건에 놓여 있지요. 자녀에게는 주도적으로 부모와 대화를 시작할 책임이 있습니다. 부모가 웬만해서는 마음을 터놓지 않으려고 하는 경우도 있습니다. 따라서 부모나 다른 연장자와 소통의 끈을 이어가는 건 젊은 사람이 적극적으로 주도해야 합니다. 젊은 사람이 주도해 부모나 다른 연장자와의 소통을 주도한다면 노력에 나설 때 우리는 상대가 긴 인생에서 축적한 지혜를 얻는 보상을 받을 뿐 아니라 다음과 같이 할 수 있는 정신적인 힘을 스스로 키우게 될 것입니다.

우리는 가족을 치유할 겁니다. 부모와 소통하려고 노력할 때 우리와 부모 사이에 존재하는 힘의 역학이 얼마나 달라졌는지, 부모가 성인이 된 자녀 앞에서 얼마나 약해지는지 우리 눈으로 분명히 볼 수 있을 것입니다. 더불어 부모에게서 현재 우리에게 가치가 있는 무언가를 얻을 수 있을 거예요. 또한 여러 해 전에 부모가 저지른 실수를 용서하기가 더 쉬워질 것입니다.

우리는 세대 화합에 기여할 겁니다. 연장자와 이어지려는 노력 하나하나가 오늘날 우리 사회 전체를 메마르게 하는 균열을 치유하는 데 도움이 됩니다. 젊은이와 늙은이는 본디 더불어 살아가는 존재이지요.

우리는 새로운 가치 체계를 세울 수 있을 겁니다. 나이든 부모는 미래의 우리입니다. 우리가 부모를 대하는 방식에서 노인이 된 우리 자신의 미래에 대해 어떻게 느끼는지가 드러납니다. 부모의 지혜를 소중하게 여김으로써 시간의 흐름을 단지 두려워하거나 부정할 대상이 아니라 살아 있는 우주의 자연스러운 표현으로 보는 법을 배우게 될 것입니다.

그것은 우리 자신과 평화롭게 지내는 길이기도 하지요.

모든 것이 부서지면
무엇을 해야 하는가

　　●　　　　　　세계무역센터가 테러를 당하고 사흘이
지난 2001년 9월 14일, 오래된 내담자가 내게 전화를 걸
었습니다. 그는 물론 두려움과 슬픔에 젖어 있었지만, 내
게 연락한 건 다른 이유에서였어요. 무기력에 빠져서 도
무지 헤어날 수 없다는 거였어요. 5000명이 넘는 직원을
이끄는 기업을 운영하던 터라 이는 실질적으로 큰 문제
였습니다. "일에 도무지 집중할 수 없어요. 모든 게 무의
미하게 느껴져요." 그는 무기력해진 자신이 싫지만 무기

력과 싸울 방법을 모르겠다고 했어요. 나는 그의 반응이 자연스러운 거라고 일러주었습니다. 미국 전역의 사람들이 일에 집중하는 데 어려움을 겪고 있었지요.

"우리를 공격한 범죄자들에게 미국을 물리적으로 파괴할 힘이 있다고 생각하세요?" 내가 그에게 물었어요. "물론 그건 아닙니다." 그가 망설임 없이 답했어요. "그렇다면 그들의 목표는 뭘까요?" 내가 질문을 이어갔어요. 그는 잠시 생각에 잠겼다가 입을 열었습니다. "우리가 사는 방식을 파괴하는 거죠." 내가 다시 질문했습니다. "그 방법은 뭘까요?" 잠시 정적이 흐르고, 그가 입을 뗐어요. "우리의 주의를 흩뜨려서 우리가 삶을 이어가지 못하게 하는 거로군요."

대부분의 사람에게 악은 압도적인 경험입니다. 특히 예기치 못하게 마주쳤을 때는 더욱 그렇지요. 악은 우리의 정체성을 송두리째 뒤흔들고, 일상적 목표와 활동의 의미를 별안간 퇴색시킵니다. 우리는 멍하니 무기력해지고 자신감을 상실합니다. 우리를 공격한 이들이 노린 건 피해자의 물리적 죽음보다는 바로 이런 상태였을 거예요. 우리를 물리적으로 파괴할 수는 없으니 정신적으로라도 파괴하는 걸 목표로 삼은 겁니다.

9월 11일에 우리가 사는 세상은 한바탕 뒤바뀌었어요. 이것은 단지 재난의 규모가 커서는 아니었습니다. 우리가 마주한 위험에 끝이란 존재하지 않으며, 적이 소탕되고 다시 우리가 '안전'하다고 느낄 날을 기대할 수 없다는 사실을 뼛속 깊이 느꼈거든요. 미국인은 상당히 오랫동안 악에서 보호받는 상태로 지냈습니다. 그러나 9월 11일의 사건을 계기로 우리는 악이 언제나 우리 곁에 존재하리라는 사실을 강제로 받아들여야 했습니다. 단순히 화내고 무력감을 느끼는 것만으로는 이 현실에 대응할 수 없습니다. 악이 사라질 거라고 꿈꿀 수도 없지요. 우리는 이제 악이 엄연히 존재한다는 사실을 받아들이고 그것에 적절히 대처해야 합니다.

삶이 언제든지 악에 의해 파괴될 수 있다면, 일상을 계속 살아가는 데 의미가 있을까요? 그러나 악이 사라지지 않는다는 사실이야말로 우리가 계속 앞으로 나아가야 할 이유가 됩니다. 악이 사라져 모든 게 안전해지는 때가 오기를 기다린다면, 그 기다림은 영원히 끝나지 않을 것입니다. 세상은 원래 그렇습니다. 미국인들은 9월 11일 전까지 그 사실을 부인하며 살아갈 수 있었을 뿐이지요. 우리를 공격한 사람들을 파괴할 수는 있을지언정 악 자체를 파괴할 수는 없습니다.

악을 이길 수 없느냐고 하면 그것은 아닙니다. 악에 승리하는 유일한 방법은 악을 대하는 태도를 바꾸는 것입니다. 이것은 영적인 차원의 문제입니다. 악을 제대로 겪어본 사람은 새로운 삶의 목적이나 신앙 등 고차원적인 힘과 이어지지 않고서는 계속 살아갈 수 없어요. 말하자면 악이 이러한 내면의 자원을 찾도록 우리에게 영감을 불어넣는 것이지요. 그렇다면 어떤 의미에서 악은 우리의 영적 스승이 됩니다. 우리의 목표를 무의미하게 하는 힘에서 우리가 목표를 이루도록 등을 떠미는 존재로 변모하지요. 악은 우리라는 개인을 패배할 수 없는 존재가 되게 합니다. 모든 사람이 이 사실을 이해할 때 나라 전체가 패배할 수 없는 존재가 됩니다. 하지만 악 앞에서 오히려 긍정적으로 대응하지 못한다면 우리는 무력감에 그저 굳어버리고 말지요.

고차원적 힘과 연결되어 패배하지 않는 존재가 되려면 어떻게 해야 할까요? 물론 기도와 예배에도 힌트가 있지만 그만큼 중요한 게 하나 더 있습니다. 그것은 규율입니다. 규율은 우리 삶에 보이지 않는 구조를 형성하지요. 이 구조가 고차원적 힘을 끌어와서 붙잡아 둡니다. 영적인 힘이 과수원의 과실이라면, 보이지 않는 구조는 우리가 그 과실을 따서 집으로 가져가는 데 사용하는 상자입니다.

'규율이라는 상자'의 힘을 쉽게 기억하기 위해서는 그림을 하나 그려보는 방법이 있습니다. 종이에 사각형 하나를 그려보세요. 사각형 둘레에는 원을 하나 그립니다. 매끄러운 원이 아니라 구불구불한 원이어야 합니다. 이때 원이 사각형에 닿지 않게끔 유의하세요. 여기서 사각형은 규율이 만들어내는 보이지 않는 구조를 의미합니다. 원은 우리를 규율에서 벗어나게 하는 바깥 세계의 온갖 방해 요소를 의미합니다. 알코올중독, 정크푸드, 텔레비전, 나쁜 친구 등이 여기에 해당해요. 인간관계에서 일어난 갈등, 재정 상태, 공포, 그 순간 우리가 걸어가는 길보다 더 좋아 보이는 모든 것… 이런 것에 집착하면서 우리는 주의가 산만해지고 맙니다. 원이 사각형에 닿지 않게끔 막고 있는 건 바깥 세계가 우리의 규율을 파괴하지 못하도록 막고 있는 것과 같아요. 사각형은 우리가 목표를 향해 나아가도록 도와주는, 멈출 수 없는 힘의 원천입니다.

흔들림 없이 일상을 계속 유지하는 데 필요한 규율에는 세 가지 유형이 있습니다. 첫 번째는 구조의 규율로서 일상적으로 하는 일, 즉 먹기, 잠자기, 운동하기 등으로 구성됩니다. 이 규율이 우리에게 제시하는 목표는 일정한 리듬에 맞추어 살아가는 거예요. 우주는 규칙적인 순환에 맞추어 기능하므로 우리도 일정한 리듬에 맞추어 살아갈 때 고차원적 힘에 연결될 수 있습니다. 매일 조직적인 구조 속에서 살아가면 에고는 자기 자신보다 큰 무언가, 즉 시간에 굴종하는 법을 배우게 됩니다. 우리가 무기력한 상태에서 벗어나려면 제일 먼저 해야 할 일은 일상생활에 구조를 되돌려주는 것입니다.

두 번째 유형은 반응의 규율입니다. 이는 매일 우리를 폭격하듯 찾아오는 각종 사건에 나오는 반응을 통제하는 능력입니다. 당 중독을 끊으려 하고 있는데 누군가 쿠키를 권해서 거절하려면 반응의 규율이 필요합니다. 운전할 때 앞에 끼어든 누군가에게 즉각 분노를 터뜨리지 않으려면 반응의 규율이 필요하지요. 통제력을 잃어버리면 바깥 세계에 홀린 우리는 오로지 내면에서만 찾을 수 있는 고차원적 힘과 연결이 끊어지게 됩니다.

마지막으로 우리에게 필요한 건 확장의 규율입니다. 이는 우리가 삶을 확장하려면 반드시 취해야 하는 행동 단계를 말하지요. 확장이란 사업에서 고객 기반이나 인맥을 넓히고자 밖으로 뻗어나가는 걸 의미합니다. 또한 새로운 아이디어를 개발하고 창조적인 걸 추구할 때 필요한 조치를 취하는 걸 의미하기도 해요. 개인의 삶에서 확장의 규율은 새로운 친구를 사귀거나 새로운 활동을 시도하는 것에 해당합니다. 무엇이든 새로운 건 불안과 불확실성이 뒤따르므로 대부분의 사람이 확장을 피합니다. 그래서 우리 자신을 꾸준히 미지의 세계로 밀어 넣으려면 규율이 필요합니다. 우주는 끊임없이 확장하고 있습니다. 고차원적 힘과 계속 연결되어 있으려면 우리도 우주를 따라 확장해 나가야 합니다.

규율의 상자 안에서 살아가는 데는 크나큰 보상이 따릅니다. 인생에 더 깊은 의미가 생겨요. 목표를 이루는 데 필요한 힘도 키울 수 있어요. 그러나 대부분의 사람은 영적으로 유아와 같아서 어렵게 살기를 바라지 않아요. 규율의 상자를 만들어내는 데 필요한 끈기를 얻으려면 새로운 철학에 따라 살아야 합니다. 여기서 오늘날 삶에서 앞으로 나아가는 데 반드시 있어야 하는 정신적 미덕을 소개해 봅니다.

겸손

에고는 마법처럼 미래를 바꾸어줄 듯이 보이는 크고 극적인 행동을 좋아합니다. 그런 행동은 에고에게 힘이 있다는 감각을 안겨줍니다. 진정한 규율은 에고와 반대이지요. 하나하나 떼 놓으면 무의미해 보이는 작은 단계가 무수히 모여서 규율이 만들어집니다. 생산적인 길로 나아가려면 에고는 고개를 숙일 줄 알아야 해요.

익명성

누구나 자신이 하는 모든 노력에 대해 인정받고 칭송받는 걸 좋아합니다. 그런 면에서 우리는 무슨 일을 하든지 단계마다 부모의 인정을 갈구하는 어린아이와 같지요. 우리가 규율이 있는 삶을 살지 못하는 건 이러한 인정욕구 때문입니다. 규율의 상자는 백만 개의 작은 단계를 밟음으로써 만들어지며 그중 대부분은 타인이 전혀 알아채지 못합니다. 아무도 알아주지 않아도 앞으로 나아가는 게 불가능하다면 우리는 정신적으로 약해집니다. 갈망하는 남들의 인정을 받지 못하면 결국 노력을 그만두게 됩니다.

무지

노력이 많이 필요한 일을 할 때 보상이 정확히 무엇이며 언제 받게 될지를 알고자 하는 건 인간의 본성입니다. 그러나 진정한 힘은 결과를 알지 못한 채 행동을 취하는 능력에 깃듭니다. 여기에는 '나는 그저 노력한다'로 대변되는 삶의 태도가 필요합니다. 보상과는 무관하게 우리가 해야 하는 일을 계속하는 게 우리의 책임이라는 의미입니다.

빈곤

물질적인 건 한번 만들어지면 파괴되지 않는 한 그대로
존재합니다. 그러나 규율의 상자는 물질적인 존재가 아니
라서 전적으로 우리의 행동으로만 구성됩니다. 우리가 어
제 얼마나 규율에 충실하게 살았든 간에 오늘 규율을 따
르지 않는다면 상자는 금세 허물어져 버립니다. 이런 의
미에서 매일 잠에서 깬 우리에게는 아무것도 없는 셈입니
다. 규율에 따라 행동해 상자를 다시 만들기 전까지 우리
는 빈곤한 것이죠. 이 사실은 한편으로는 버거우나 다른
한편으로 우리가 해야 하는 일을 분명히 알려줍니다. 일
어나는 순간부터 그 빈곤을 해소할 수 있으니까요.

우리에게는 모두 운명으로 미리 정해진 인생의 길이 있지요.

그 길을 가다 보면 자주 난관에 부닥칩니다.

때로는 심한 가시밭길을 걷게 되기도 합니다.

하지만 우리에게는 난관과 고통이 필요합니다.

그것들이 우리에게 우리 자신보다 더 큰 무언가와

연결되는 법을 가르쳐주거든요.

6장

아픔을 넘어서는 관계

어떤 환경에서 자라난 사람들에게 죄책감이란

부모의 기대를 거부하고 무엇이 옳은지

스스로 정의할 용기를 냈다는 의미입니다.

죄책감을 느낀다는 건

그들이 진정으로 자기 자신이 되어간다는 뜻이에요.

세상에서
가장 힘든 일

누구나 자기 자녀에게 가장 좋은 것만 주고 싶다고 말합니다. 그러려면 무엇을 어떻게 해야 할까요? 이것이야말로 부모의 불안을 자극하는 질문이지요. 세상은 지위 높은 직업과 사회적 인정, 명성과 부를 싣고 쏜살같이 내달리는 기차처럼 보입니다. 우리 아이가 자칫해서 그 기차를 놓치면 어떻게 해야 할까요?

조바심은 상당히 이른 시기부터 시작됩니다. 부모는 자녀를 명문 유치원과 초등학교에 보내지 못하면 명문 대학에도 보낼 수 없을까 봐 안달을 내지요. 어떻게든 자녀가 특권층에 들어갈 수 있다는 보장을 받아야만 마음이 놓이거든요. 만 두 살짜리 아이의 운명을 결정지을 유치원 면접에서 자기도 모르게 애걸하듯 말하게 됩니다. 내면의 목소리는 세상이 미쳐 돌아간다고 말하지만요. **최고의 유치원에 입학하지 못하면 정말로 아이의 인생이 망가질까요?**

부모가 느끼는 공포는 아이의 미래를 보장해 줄 무언가가 **저기 바깥에** 존재한다는 망상에서 옵니다. 올바른 친구든 올바른 학교든 다른 무엇이든 간에 그 무언가가 아이가 자기 자신을 사랑하고, 남들에게 존중받고, 예측할 수 없는 인생의 사건(우리는 피할 수 없었던 바로 그 사건)에서 안전하게 보호받으리라는 망상 말입니다. 이 망상에는 마법과 같은 힘이 깃들어 있어서 모든 사람이 그 매력에 홀린 나머지 죽을힘을 다해 경쟁에 뛰어들어요. 이 망상을 믿는 사람은 **저기 바깥에서** 궁극적 가치를 찾아다닙니다. 그럼으로써 두려움의 세계로 들어가게 되는데, 그곳은 아이를 키울 만한 곳이 아닙니다.

이 망상을 믿는 순간 그 망상의 세계에서 성공하든 실

패하든 간에 그 자체로 자녀에게 깊은 영향력을 행사하게 되지요. 입 밖으로 무슨 말을 내뱉든 실제로 자녀에게 전달하는 메시지는 다음과 같습니다.

- 나는 남들이 믿는 가치와 해법을 진중하게 검토하지 않고 그냥 받아들여. 나는 내 본능을 신뢰하지 않거든.
- 중요한 건 어떻게 사느냐가 아니라 어디까지 가느냐 하는 거야. 인생에는 지위가 중요해.
- 가족보다 더 중요한 게 있어. 저기 바깥에 있는 무언가, 가족 바깥에 있는 무언가가 가족 자체보다 더 중요해. 나는 가족에 큰 가치를 두지 않아.

이 가운데 아이에게 가장 해로운 건 마지막 메시지입니다. 가족의 가치가 깎이면 아이는 가족이 아니면 다른 어디에서도 얻을 수 없는 귀중한 걸 잃게 됩니다. 가족의 유대가 약해질 경우 뒤따르는 끔찍한 결과는 공공연히 드러날 때도 많지만, 그 가족이 공동체에 내보이고 싶어 하는 외적 이미지가 어떠한지에 따라 잘 보이지 않을 때도 있어요(여기서 말하는 '가족'은 한부모가정을 비롯해 아이를 키우는 데 책임이 있는 성인들의 모든 조합을 뜻합니다).

부모에게는 자기 가족을 다른 무엇보다도 중요하게 여기고, 자신이 자녀에게 가르치는 것에 대체할 수 없는 근본적 가치가 있음을 알 만한 지력智力과 확신이 있어야 합니다. 그 지력과 확신은 어떻게 키울 수 있을까요? 모름지기 부모는 이렇게 말할 수 있어야 합니다. "잠깐만요, 우리 아이에게 가장 중요한 건 우리 가족끼리 하는 모든 일이에요. 친구가 누군지, 어떤 학교에 다니는지는 별로 중요하지 않습니다." 그러나 말로만 해서는 부족하다는 걸 이해하기 바랍니다. 우리가 꾸려나가는 가족은 생생히 살아 숨 쉬는 존재로서 자녀가 매일 피부로 직접 경험할 수 있어야 합니다. 그래야만 바깥 세계의 어떤 것에도 밀리지 않는 튼튼한 기반을 다질 수 있어요. 이처럼 견고한 기반이야말로 자녀가 부모에게 요구하는 것입니다. 이런 기반을 쌓았을 때만 우리는 부모로서 역할을 해냈다는 사실에 대해 만족감을 느낄 것입니다.

튼튼한 기반을 쌓아 올리려면 가족 구성원이 모두 지지하는 가치가 담긴 일관성 있는 철학이 필요합니다. 마음 깊이 믿으며 매일 실천하는 가치만이 무언가를 살아 있게 하지요. 건강한 가정을 꾸리는 데 없어서는 안 될 세 가지가 있는데 바로 사랑, 영성, 규율입니다. 이 세 가지 가치는 가족을 두려움의 세계와 가장 먼 곳에 존재하는 신성한 장소로 바꾸어줍니다. 이 가치들은 우리의 내면에 존재하고, 누구든지 보편적으로 접근할 수 있으며, 희소하지도 않아서 경쟁을 유발하지도 않습니다. 또한 가족을 살아 숨 쉬는 의미의 원천이 되게 해줍니다. 집을 더 차분하고 행복한 장소로 가꾸어주며, 자녀에게는 헤아릴 수 없을 만큼 큰 도움을 주지요. 부모의 일은 아이에게 하루하루가 의미 있도록 만들어주는 것입니다. 그러니 육아가 세상에서 가장 힘든 일일 수밖에 없지요.

사랑

사랑은 오로지 표현되는 범위 내에서만 존재합니다. 그리고 표현하면 표현할수록 더 커지지요. 아이는 남을 사랑하는 것이, 특히 형제자매를 사랑하는 것이 자기 책임임을 배워야 합니다. 아이에게 사랑을 가르치려면 부모가 먼저 본보기가 되어야 합니다. 부모가 매일 서로 애정을 쏟는 모습을 보여주세요. 특히 스트레스가 심할 때, 갈등이 있을 때, 지루하고 부담스러운 책임에 짓눌려 있을 때 어른들이 어떻게 서로 사랑을 표현하는지 보여주세요. **아이들은 사랑하는 일에는 노력이 필요하며, 사랑하려 노력하는 게 자신이 해야 할 일이라는 사실을 배우게 됩니다.** 사랑이 물질이라고 치면 가장 높은 차원에서 가족에게 주어진 책임은 가능한 한 많이 사랑을 생성해 내는 것입니다. 사랑하는 것, 그것이 가족이라는 공동체에 던져진 과제라고 생각해도 좋습니다.

영성

자녀에게 우리가 고차원적 힘과 관계를 맺고 있다는 걸 보여주세요. 그때 우리는 자녀의 눈에 더 강하게 보일 뿐더러 더 인간적이고 친근한 존재가 됩니다. 아이와 신학을 논하라는 뜻은 아닙니다. 아이는 본디 어른보다 신에 더 가까운 존재니까요. 하지만 어른이 나서서 판을 깔아주지 않으면 아이는 고차원적 힘에 연결된 느낌을 마음속에 묻어둔 채로 어른이 되어버릴 겁니다. 자녀에게 영

성을 알려주겠다고 부모가 일부러 종교 생활을 하라는 말
도 아닙니다. 제일 중요한 건 거짓으로 시늉하지 않는 거
예요. 물질적인 가치만이 아니라 더 높은 가치를 존중하
고 기억하며 살아간다면 자연스럽게 아이가 스스로 신과
의 연결을 경험할 수 있게 하는 환경이 조성됩니다. 아이
들이 끼니를 먹을 때나 잠자리에 들 때처럼 매일 일과의
일부로서 경험하는 것이 중요합니다. 가정에서 영성을 기
르는 일은 아이들에게 경외심과 조화를 경험하게 합니다.
어디에도 비할 수 없이 귀중한 선물이지요.

규율

규율은 아이가 예측할 수 있도록 가족을 한데 엮어주
는 실과 같습니다. 세상의 무엇도 일관성 없이는 살 수 없
는데, 가족은 특히 더 그러하지요. 아이들에게 시간을 존
중하는 법을 가르쳐주세요. 잠자리에 드는 것, 식사하는
것, 목욕하는 것과 같은 중요한 행동을 아이가 하고 싶을
때가 아니라 정해진 시간에(가급적이면 매일 같은 시간에)
해야 합니다. 부모가 가족을 이런 식으로 운영하려면 부

모 자신의 삶부터 정돈된 방식으로 운영하려는 의지가 있어야 하겠지요. 아이에게 충동을 통제하는 게 곧 성취라는 걸 가르쳐주세요. 아이는 도넛 한 개를 먹고 두 개째를 먹으려다가 가로막히는 순간 박탈감을 느낍니다. 그러나 일시적으로 도넛 한 개를 빼앗긴 아이는 그 경험에서 도넛을 제외한 모든 걸 얻지요. 아이는 바깥 세계를 정복했기에 내면의 영혼이 환히 밝아집니다. 반면 부모가 원하는 모든 걸 손에 쥐여준 아이는 결국 아무것도 가지지 못하게 됩니다.

이 세 가지 가치에는 손으로 만질 수 있는 구체적인 성과를 이루어내는 역동적인 힘이 깃들어 있습니다. 이 힘에 숨결을 불어넣어 살려내는 일은 우리 손에 달려 있어요. 세 가지 가치를 머리로 믿는 것만으로는 충분하지 않아요. 세 가지 가치를 믿는다고 언어로 표현하는 것으로도 충분하지 않습니다. 우리는 몸으로 직접 가치를 실천해야 합니다. 부모로서 우리가 하는 일은 무엇 하나 무의미하지 않습니다.

사랑, 영성, 규율이라는 세 가지 가치는 아이가 살아가면서 타인에게 거부당하고 역경에 처하더라도 꿋꿋이 앞으로 나아갈 수 있도록 내면의 힘이 솟아나는 원천이 됩니다. 자녀가 자신만의 의견을 형성할 만큼 굳세지게 하고, 자녀에게 그 의견을 표현할 용기 역시 줍니다. 이런 가치들이 없다면 아이는 인생의 여정에서 아무리 '승리' 한들 종국에는 비참해질 거예요. 이 가치들은 또한 부모가 아이의 등을 너무 빠르게 떠밀려는 욕심을 스스로 억제하도록 돕습니다. 우리 사회는 지성의 발달을 다른 것보다 우선하는 경향이 있습니다(읽는 법을 일찍 가르치는 게 좋은 사례이지요). 그러나 초등학교에 입학하기 전까지는 아이를 자신만의 세계에, 환상의 세계에 살도록 해주세요. 미취학 시기는 아이가 성취를 이루어야 하는 시기가 아니라, 자신만의 세계 안에 살며 훗날 아이의 인생에서 구체적인 형태를 갖추게 될 크나큰 힘을 끌어내는 시기입니다.

자녀가 부모에게 요구하는 게 하나 더 있습니다. 부모는 자녀를 위해 한 개인으로서 계속 성장해야 합니다. 진정으로 살아 숨 쉬는 가족을 꾸리는 일은 자기 자신부터 진정으로 살아 숨 쉬게 하는 일에서 비롯합니다.

살아 있는 모든 것이 성장합니다.

모든 게 말이지요.

이제 더 배울 게 없다고 느끼는 순간, 개인적으로 의미를 품고 도전할 과제가 없다고 느끼는 순간 우리의 일부가 죽어버립니다. 부모의 안에서 죽어버린 부분은 이윽고 자녀가 짊어져야 할 짐이 되지요. 자녀는 부모에게서 거리를 두거나 자신이 스스로 성공을 거둠으로써 부모의 노력이 부족해서 뚫린 구멍을 메우려 시도할 것입니다. 어느 쪽이든 큰 괴로움을 줍니다. 그러나 부모가 삶을 살아가는 한 개인으로서 나아가길 멈추지 않으면 부모는 아이에게 빛이 되지요. 부모가 움직이며 내뿜는 빛이 아이의 세상을 환히 비추어줄 것입니다.

그러면 우리는 부모로서 아이에게 궁극적인 선물을 준 것입니다. 그 선물이란 바로 우리 자신이지요.

말이 아니라 삶으로만
전할 수 있을 때

미국 학교는 바야흐로 충격의 시대를 보내고 있습니다. 뉴스에서 총기를 들고 등교해서 학생과 교사를 살해하는 10대 이야기가 심심찮게 보도됩니다. 이런저런 설명을 종합해 보아도 이런 현상을 제대로 이해하기에는 버겁습니다. 정신 건강 문제, 높은 총기 접근성, 모든 형태의 매체에서 묘사되는 폭력이 어떤 역할을 하는 건 분명하지만 이것만으로는 특정 아이들이 끔찍한 행동을 실행에 옮기는 이유를 전부 설명하지 못합니다.

여러 해 전에 어느 기자가 총기를 들고 등교한 아이 여러 명을 인터뷰하면서 그들이 어쩌다가 타인의 생명을 완전히 짓밟을 수 있는 지경까지 이르렀는지 알아보고자 했습니다. 인터뷰에 응한 청소년들에게서 눈에 띄었던 점은 그들이 자기 행동과 자기 자신을 별개로 생각한다는 거였어요. 그들은 이런 식으로 말했지요. "저는 거기 있었지만 거기 없었어요." "반사적으로 한 것 같아요." "죽이는 일이 그냥 멋있게 느껴졌어요." 그들이 묘사한 건 개인을 완전히 사로잡아 인간으로서 필수적으로 갖춰야 할 도덕성과 자기 억제력을 파괴해 버리는 어두운 힘의 존재였습니다.

어두운 힘은 10대를 강하게 끌어당깁니다. 누구든지 정신 속에 어두운 힘이 자리매김하고 있어요. 이 내면의 악마는 우리가 우주의 일부가 아니라 규칙 위에 군림할 수 있는 특별한 존재이기를 원하지요. 앞에서 말했듯이 나는 이것을 X영역이라고 부릅니다. 청소년기에는 X영역이 어른에게 반항하고, 특히 자기 가족을 거부하는 대안적 세계에 이끌리는 방식으로 모습을 드러냅니다. 마약 중독이나 침울하고 무례한 태도도 그 증상 중 하나이지요. 10대 자녀를 둔 부모는 아이에게서 도무지 대적할 수 없는 수수께끼의 먹구름이 뿜어져 나오는 것 같다고 느낍니다. 그러나 우리는 그 어두운 힘을 이해할 수 있으며 진정한 내면의 힘으로 여기에 맞서서 아이를 도울 수도 있습니다.

　10대는 다른 무엇보다도 자유를 갈망합니다. 부모에게서 독립해 자기 개인성을 경험하기를 원하지요. 진정한 자유는 오로지 용기와 규율을 실천하는 오랜 과정을 통해서만 얻을 수 있습니다. 하지만 근본적으로는 아직 어린아이와도 같은 10대는 가짜 자유가 진정한 자유라고 착각하지요. 가짜 자유가 적어도 단기적으로는 훨씬 강하게 느껴지거든요. 여기서 X영역의 천재성이 드러납니다. X영역은 즉각적인 신체적 만족을 보상으로 들이밀면서 10대에게 이런 메시지를 보내지요. "내가 (약물, 섹스, 분노 등) 이렇게 강렬한 신체적 경험을 선사할 수 있다면, 너에게 하는 다른 말도 전부 사실임이 틀림없어."
　그러나 X영역이 주장하는 나머지 말은 죄다 거짓입니다. X영역은 자유가 현실을 회피할 수 있는 능력이라고 말합니다. 그러나 진정한 자유는 그와 정반대이지요. 진정한 자유는 현실을 살아가며 결코 벗어날 수 없는 세 가지 요소인 고통, 불확실성, 노력에 굴종함으로써 얻을 수 있습니다. X영역은 이 모든 불편을 감내해야 하는 게 '공정'하지 않다는 생각을 들이밀며 10대를 꼬드깁니다. 너에게는 현실의 불쾌한 면모를 회피할 '권리'가 있다고 속삭이면서요. 즉각적 보상이라는 꼼수마저 들이밀면 아이들은 껌뻑 넘어가고 맙니다.

어두운 힘을 이해하는 부모는 청소년기에 들어선 자녀의 여러 이질적인 행동을 각각의 개별 행동이 아니라 더 큰 전체의 한 부분으로 볼 수 있습니다. 많은 경우에 아이의 행동은 그 아이가 양육된 방식과는 무관합니다. 유년기를 벗어나려는 갈망이 낳은 불가피하고도 독립적인 산물일 뿐이니까요. 그러나 그렇다고 해서 아이의 행동에 손대지 않고 마냥 지켜보기만 하라는 뜻은 아닙니다. 아직 청소년기에 속한 아이가 어른처럼 굴면서 어른의 활동에 참여했다가는, 아이의 인격을 이루는 힘이 너무 이른 나이에 활성화되어 버린 나머지 훗날에도 온전히 발달할 수 없어요. 아이가 진정 강인한 어른으로 성장하려면 청소년기에는 이런 힘을 억제해야 합니다.

아이가 무엇 때문에 힘을 억제해야 하냐고 반문할지도 모릅니다. 아이를 도덕적 논거로 설득하는 건 쉽지 않습니다. 아이가 더 강해지고 진정한 힘을 얻으려면 스스로를 적절히 통제하며 더 큰 구조의 일부가 되어야 한다는 개념을 논리가 아닌 마음으로 완전히 받아들여야 합니다. 과거에는 교회, 학교, 공동체가 개인의 행동에 큰 영향을 미쳤습니다. 모든 사람에게 예외 없이 적용되는 외부의 도덕적 제약이 있었지요. 그러나 현대 사회는 아이에게 자신을 통제해야 할 그럴싸한 이유를 제공하는 데 실패했습니다. 더 넓은 사회로 시선을 돌려보아도 자신을 잘 조율하며 사는 사람은 눈에 띄지 않아요. 기관의 권위는 개인성과 자유를 향한 추동력에 진작 파괴되었습니다. 이제는 아무도 임의의 규칙을 기꺼이 받아들이지 않습니다. 이런 상황이 반드시 재난을 불러오는 건 아닙니다. 우리 한 사람 한 사람이 자기 행동을 스스로 책임질 수 있도록 내면의 자기통제 방법을 마련한다면 오히려 진정한 자유가 꽃필 수 있지요. 하지만 임의적 도덕 규칙과 달리 내면의 통제는 외부에서 강요할 수 없습니다. 부모조차 할 수 없는 일이지요. 이 상황에서 부모가 할 수 있는 일은 하나뿐인데, 바로 자신부터 저차원적인 가짜 자유를 대신할 힘을 키우는 것입니다. 부모가 진정한, 고차원적 자유를 좇으며 살아간다고 아이들이 즉각 부모의 말을 듣게 되지는 않습니다. 하지만 아이도 그 깊이와 일관성을 느낄 수 있으므로 서서히 감화됩니다. 고차원적 자유는 가짜로 꾸며낼 수 없어요. 아이에게 진정한 자유를 보여주려면 어른이 실제로 자신을 바꾸어야 합니다. 삶의 방향 없이 살다가 한 번씩 그 상태를 깨고 나와 10대 자녀에게 소리를 꽥 지르는 부모가 있습니다. 이것이야말로 부모로서 할 수 있는 가장 비효율적인 행동입니다. 아이는 부모가 진실하지 않다고 느껴지면 부모에게 더 반항하게 됩니다. 부모와 아이가 하는 소통의 90퍼센트가 비언어적 차원에서 일어나지요. 부모에게 고차원적 힘이 존재할 때 아이들은 그것을 감지할 수 있습니다.

기혼이고 미혼이고 간에 모든 형태의 가족이 10대 자녀에게 현실적으로 의지할 장소가 되어줄 수 있습니다. 그러려면 자녀가 가족이 굳건한 가치 체계가 세워져 있고 생생히 살아 숨 쉬는 존재라고 느껴야 합니다. 그렇다고 해서 10대 자녀가 곧바로 반항적인 태도를 버리지는 않겠지만 마음속으로는 가족의 힘을 알아차리고 기억해둘 것입니다. 부모에게 일어나는 아주 소소한 발전조차도 10대 자녀와 상호작용을 하는 데 미묘한 변화를 불러옵니다. 우리 시대의 어른은 청소년 앞에서 자기 가치관을 당당히 내세울 의지와 자신감을 잃었습니다. 그러나 우리에게는 10대 자녀에게 줄 수 있는 방대하고 뛰어난 지식이 있다는 걸 잊지 마세요. 아이에게 우리의 지식을 전달하는 제일 좋은 방법은 몸소 그 지식을 실천하며 살아가는 것입니다. 내 안에서 고차원적 자유를 기를 방법 몇 가지를 소개합니다.

포기

자신은 해로운 쾌락을 포기하지 못하면서 자녀에게 포기하라고 강요하면 부모의 말은 공허해지고 자녀에게서 반감을 일으킬 뿐입니다. 자신에게 있는 나쁜 습관을 하나 골라서 즉시 없애는 작업에 착수하세요. 중요한 건 자녀에게 우리가 노력하는 모습을 보여주는 것입니다. 완벽하지 않아도 괜찮아요. 하루에 피우는 담배를 5갑에서 2갑으로 줄이는 데 성공하면 자녀와 대화할 때 자기 내면에서 새로운 힘이 솟아나는 걸 느낄 것입니다. 우리가 어떤 쾌락을 포기하는 건 도덕적으로 행동하거나 자기를 벌주거나 금욕적인 태도로 살기 위함이 아닙니다. 그것이 고차원적 자유를 구체적으로 실천하는 방법이기 때문이지요. 쾌락을 포기하는 순간 우리는 충동적 욕구를 일으키는 X영역에서 벗어날 수 있습니다. 아이들은 물질세계 안으로 더 깊숙이 들어가 즉각적 보상을 얻어내는 게 곧 자유라고 생각합니다. 그러나 진정한 자유는 물질세계에서 벗어나는 것임을 반드시 기억하세요.

규율

앞에서 어린아이에게 규율이 어떤 의미가 있는지 이야기했지요. 그 지점에서 더 나아가려면 우리 역시 보이지 않아도 규칙적인 체계에 따라 살아가야 합니다. 자러가고 일어나는 것, 식사하는 것, 운동하는 것, 기도하는 것… 모두 체계 안에서 정해진 시간에 해야 합니다. 이것이 우리 삶에 가져오는 규칙적인 순환에는 진정한 힘이 깃들어 있습니다. 10대는 원하는 걸 원할 때마다 할 수 있는 권리가 자유라는 착각에 쉽게 빠집니다. 그러나 우리가 살아가는 현실에서 원하는 걸 원할 때마다 하는 건 충동의 노예로 전락하는 지름길이에요. 예술을 하는 사람은 이를 쉽게 이해합니다. 규율 없이는 자신을 창조적으로 표현할 힘을 얻을 수 없으니까요. **보이지 않는 체계에 따라 살아갈 때 무엇을 이루려 하든 고차원적 힘을 발휘할 수 있지요.** 그 힘이야말로 우리에게 진정한 자유를 선사할 것입니다.

앞으로 나아가는 움직임

우주는 살아 있으며 끊임없이 움직입니다. 우주가 품은 거대한 생명력과 닿아 있으려면 우리의 삶도 덩달아 계속 확장하고 앞으로 나아가야 해요. 이것이 구체적으로 표현되는 방식은 창조적 프로젝트, 지역사회를 위한 봉사, 진로 수정, 영적 개발 등 사람마다 다릅니다. 앞으로 나아가도록 움직이는 건 모든 사람이 평생을 다해야 할 책임입니다. 자신이 세상에서 멀어지도록 놓아두면 우리의 일부는 죽어버려요. X영역은 청소년기의 아이에게 거짓으로 살아 있는 느낌을 그들이 혹할 만한 자극적인 방법으로 알려줍니다. 자신이 반쯤 죽어 있는 부모는 아이에게 신뢰를 잃었기에 그 거짓말을 깨뜨릴 힘이 부족합니다.

자녀가 청소년기를 거치는 동안 부모의 권위, 지혜, 선의는 끊임없이 흔들리고 도전을 받을 것입니다. 아예 부모의 손길이 미치지 않는 곳까지 가버리는 10대들도 더러 있지요. 마법처럼 모든 걸 해결해 주는 묘책은 존재하지 않습니다. 그러나 내가 제시한 방법은 오래 따를수록 차츰 더 묵직한 힘을 냅니다. 자녀가 위기의 시기를 보내는 와중에 자기 자신에게 노력을 쏟으려면 자신이 옳은 방향으로 가고 있다는 믿음이 필요합니다. 아무리 애타게 원해도 단순히 지위가 높다는 이유로 부모의 권위가 존중받던 시대로 시간을 돌릴 수는 없어요. 지금 우리 앞에 던져진 과제는 가족과 공동체에 진정한 고차원적 힘이 깃들어 생생히 살아 있게끔 하는 것입니다.

그것만이 젊은이에게서 진정한 존경을 받는 길이지요.

인생을 함께할 사람의
세 가지 조건

● 　　　　『로미오와 줄리엣』은 아마 셰익스피어가 쓴 작품 가운데 가장 서정적이고 낭만적인 희곡일 겁니다. 그렇지만 그 아름다움 이면에는 경고가 깔려 있습니다. 순전히 낭만적이기만 한 관계의 끝은 비극이라는 것이지요. 열정 하나만으로 상대를 선택하면 처음의 흥분이 가신 뒤에는 그 자리에는 아무것도 남지 않습니다. 누구나 이런 경험이 있을 겁니다.

미국의 문화는 세상에서 가장 천진하고 낭만적이라고

해도 과언이 아닙니다. 우리는 사랑이 모든 걸 정복하리라고 믿게 됩니다. 특히 미식축구 쿼터백이나 교내 파티의 여왕과 결혼한다면 남은 일은 사랑이 전부 해결해 주리라고 믿지요. 하지만 미국의 높은 이혼율은 강렬한 감정이 짝을 선택하는 기준으로서는 부족하다는 사실을 증명합니다. 낭만과 열정은 이성적이지 않으며 예측할 수 없는 힘입니다. 따라서 그것이 새로 만난 사람의 적합성이나 지속적인 관계의 가치를 판단하는 기준이 되어서는 안 됩니다. 특히 관계에서 많은 감정이 오가는 만큼 우리에게는 감정에 좌우되지 않고 객관적으로 관계를 평가할 수 있는 방법이 필요하지요. 모든 관계가 추구해야 할 모범이 존재한다면 그것이 바로 우리가 맺은 관계가 어떻게 나아가야 좋을지 판단하는 기준이 될 겁니다. 그리고 이 모범적인 관계의 기준은 우리가 놓인 관계에서 바로잡아야 할 문제를 발견하거나 우리에게 적합하지 않은 사람을 떠날 만한 확신을 얻을 수 있게 도울 겁니다.

건강한 관계를 알아보려면 먼저 나쁜 관계의 속성을 이해해야 합니다. 보이지 않는 자석처럼 우리를 바람직하지 않은 사람에게로 끌어당기는 힘이 존재합니다. 이 힘은 마법을 기대하는 믿음입니다. 우리는 타인에게서 우리 삶의 속성 자체를 바꾸어놓을 초인적인 능력을 찾으려 들지요. 그러나 우리를 현실에서 벗어나게 해줄 수 있는 타인은 세상에 존재하지 않습니다. 인생은 불확실하고, 자주 고통스러우며, 무엇보다도 끊임없이 노력을 요구하는 과정입니다. 그런데도 인생이 쉬울 수도 있다는 망상에 매달리는 게 인간의 본성이지요. 우리는 상대가 마법과 같이 우리를 또 다른 세계로 데려가주기를 바랍니다. 또 우리가 보고 싶은 대로 상대에게 근사한 능력을 투사합니다. 자신이 품은 환상에 눈이 멀어 있을 때는 잘못된 사람과 관계를 맺기도 쉬워요. 당연히 우리는 환멸에 빠지고 말지요. 누구를 만나도 달라지는 건 없습니다. 하지만 우리는 거짓된 희망을 영영 버리지 못합니다. 처음의 황홀감을 다시 느끼려 애쓰지요. 어쩌면 모든 게 처음처럼 좋아질지도 모른다면서요. 이 상태에서 깨어나면 혼자가 될 뿐만 아니라 삶의 어려움을 면제받을 수 있다는 꿈도 버려야 합니다. 그래서 우리는 마비된 듯 그릇된 관계에 너무 오래 머무르고 맙니다. **살아 있기에 느끼는 고통과 살아 있기에 기울여야 하는 노력에서 우리를 벗**

어나게 해줄 수 있는 사람은 존재하지 않는다는 걸 깨달을 때, 우리는 비로소 관계에서 마법을 찾아 헤매는 일을 그만두게 되지요. 그 지점에 이르면 한때 매력적으로 보였던 수많은 미성숙한 사람이 과거의 매력을 잃어버립니다.

좋은 관계의 기반에 존재하는 건 더 고차원적인 유대입니다. 그 유대는 우리에게 잘 맞고 성품이 뛰어난 상대를 만난다고 해서 자동으로 형성되지는 않아요. 유대는 오히려 관계에 속한 각 개인보다 큰 별개의 실체로서 둘 사이의 연결을 신성하게 해주는 방법입니다. 직업상의 요구 사항이든 제삼자든 심지어 둘 중 한 사람의 기분이든 간에 그 어떤 다른 요소도 유대가 만들어내는 헌신을 깨뜨릴 수 없어요. 고차원적 유대는 살아 있는 생물과도 같아서 매일 정성 들여 돌보아야 합니다. 노력을 그만두는 순간 곧장 허물어지기 시작해요. 그러나 유대를 살리고자 노력하는 데는 그만한 보람이 따르지요. 두 사람이 자신의 즉각적 욕구와 불안보다 서로 간의 유대를 더 귀하게 여기면 그들은 아무리 막막한 상황이라도 에너지와 영감을 주는 무언가를 만들어내게 됩니다. 고차원적 유대는 두 사람이 유대를 유지하려 노력하는 만큼 강해짐니다. 어떤 의미에서는 유대 자체가 노력으로 이루어진 다고 말할 수도 있어요. 미성숙한 관계는 그 반대입니다. 마법을 기대하는 희망이라는 약하디약한 재료로 이루어 졌지요. 고차원적 유대가 낭만과 열정을 배제하지는 않 습니다. 오히려 그것들을 초월해 존재합니다.

고차원적 유대를 관계의 기반으로 삼을 때 우리에게는 현재의 상대 또는 잠재적 상대를 평가할 현실적인 기준 이 생깁니다. 우리가 추구해야 할 관계는 서로 간의 유대 를 키우고자 상대와 함께 헌신적으로 노력하는 관계예요. 따라서 우리가 관계를 평가할 때 던져야 하는 핵심 질문 은 이겁니다. "상대가 고차원적 유대를 형성하려고 나와 함께 노력해 줄 사람인가?" 그 답이 '아니다'라면 상대가 우리의 심장을 얼마나 빠르게 뛰게 하든 의미가 없어요. 어차피 결과는 비참할 테니까요. 고차원적 유대를 쌓으 려면 상대에게 진취성, 희생, 공감라는 세 가지의 기본적 자질이 있어야 합니다. 이 세 가지에서 모두 'A' 학점을 받 아야 하는 건 아니지만 적어도 각 영역에서 꾸준히 노력 해야 합니다(우리도 마찬가지예요). 이 자질들에 집중하는 법을 배우면 배우자나 연인을 평가할 객관적이고 일관적인 지표를 갖게 됩니다. 그러면 이제 감정 때문에 눈이 머는 일은 피할 수 있을 거예요.

진취성

수동적인 사람은 고차원적 유대를 형성하는 데 기여하지 못합니다. 어느 관계에서나 양자 모두에게 상대를 향해 꾸준히 다가갈 책임이 있습니다. 상대가 도움을 청하기 전에 먼저 자청해 돕는 것, 매일 상대에게 대화를 거는 것, 함께할 활동을 계획하는 것 등이 여기에 해당하지요. 일반적으로 배우자가 진취적이라면 상대에게서 우리를 향하는 에너지가 느껴질 거예요. 우리가 무언가를 요청하기 전에는 상대가 아무것도 내주지 않는다고 느낀다면 그 상대에게는 진취성이 부족한 것입니다. 상호의존적 관계co-dependent *에 놓인 사람들은 자신이 상대에게 일방적으로 주기만 해도 유대를 형성할 수 있다고 스스로를 기만합니다. 그러나 그것은 불가능합니다. 유대는 언제나

---

* 정신적 어려움을 겪는 사람과 그를 보살핌으로써 만족감을 느끼는 사람의 관계

양방향으로 이루어져야 하지요. 비슷한 맥락에서 내담자 중에는 상대가 먼저 연락하는 일이 거의 없고 아무것도 진취적으로 계획하지 않는데도 상대와 연애하고 있다고 말하는 사람들이 있었어요. 그들은 한마디로 시간을 낭비하고 있습니다. 반대로 상대가 피곤하거나 주의력이 떨어지거나 자기 일로 바쁠 때도 우리와 관계를 이어가려고 의도적으로 노력하는 게 느껴진다면 좋은 배우자를 둔 거예요. 이런 종류의 헌신은 선의와 성숙함을 밑바탕으로 삼기에 오래 지속되지요.

희생

고차원적 유대를 쌓으려면 개인적 쾌감과 목적을 적어도 어느 정도는 희생해야만 합니다. 미성숙한 사람은 아무것도 포기하지 않으면서 관계를 유지하고 싶어 합니다. 그들은 비현실적인 세계에 살기에 아무런 대가를 지급하지 않으면서도 관계에서 오는 혜택을 누릴 수 있다고 믿으려 하지요. 그러나 고차원적 유대는 영적인 힘이며, 영적인 힘은 저차원적 욕구를 희생하지 않고서는 쌓을 수 없습니다. 그 중요성을 느낄 수 있는 사람들에게는 필요한 희생을 치를 힘도 뒤따릅니다. 좋은 상대는 관계를 위해 게임이나 스포츠 경기 관람 같은 어떤 활동을 포기할 때, 바로 그 순간 자신이 고차원적 유대를 강화하고 있다는 걸 알아차립니다. 좋은 상대는 희생에 깃든 가치를 보고 불만 없이 빠르게 희생을 실천합니다. 만일 상대에게 희생할 능력이 없어 보이면 경계하는 게 좋습니다.

공감

공감이란 상대가 우리에게 감정적으로 민감하다는 뜻입니다. 그들은 우리가 느끼는 것을 대체로 알아차려야 해요. 상대가 말하지 않아도 우리의 마음을 읽어주거나 매 순간 우리의 감정에 집중해야 한다는 뜻은 아닙니다. 그러나 지속적으로 상대가 우리의 감정과 닿아 있지 않고 있으며 우리의 기분이 어떤지, 특히 우리가 상대에 대해 어떻게 느끼는지 전혀 모르는 듯하다면 그 사람은 공감 능력이 좋지 않은 거예요. 경험에 비추어 보건대 여성이 대체로 남성보다 이 지점에서 낫다는 데는 이론의 여지가 없습니다. 그러니까 남성도 공감의 기술을 습득하도록 노력하는 게 공평합니다. 대단히 무뚝뚝하고 호전적인 남성조차 노력을 통해 크게 발전하는 모습을 보았어요. 그들을 움직인 원동력은 계속 배우자의 감정과 단절되어 살다가는 상대를 잃으리라는 두려움이었습니다. 공감 능력이 좋지 않은 배우자는 상대가 불만을 표하면 '바라는 게 너무 많다'라며 역으로 비난하고 나서기 일쑤예요. 이것은 받아들여서는 안 될 비난입니다. 매일 노력을 기울여 형성한 깊은 공감 없이는 두 사람 사이에 고차원적 유대가 존재할 수 없어요.

애정 관계는 인간이 느낄 수 있는 가장 깊은 감정을 불러일으킵니다. 그 탓으로 관계를 판단하는 우리의 능력은 왜곡되기 쉽습니다. 모범적인 관계의 기준을 갖고 있다면 우리가 어떤 결정을 내리든 그렇게 결정한 이유를 알 수 있습니다. 관계를 유지하기로 마음먹는다면 어느 방면에서 더 노력해야 하는지 알게 될 것입니다. 관계를 그만두기로 마음먹는다면 그 결정을 덜 의심하겠지요. 이때 적절한 지표를 활용하면 어떤 길을 선택하든 상

대를 정확히 볼 능력을 키우는 데 도움이 됩니다. 이것이
야말로 미래의 행복을 보장하는 최고의 보험이지요.

의존하는 것과
친밀한 것의 차이

●   나는 결혼 제도를 믿지만, 나와 생각이 다른 친구와 열띤 논쟁을 벌인 끝에 그를 설득하는 데 실패했습니다. 그는 우리가 전통적 가치에서 너무 멀리 떨어져 나왔다고 확신하고 있었습니다. 구체적으로 우리가 결혼이 신성한 헌신이라는 감각을 잃었다고 주장했어요. 이런 상실은 무엇보다도 우리가 치료에 의존한 데서 기인한다며 정신과를 탓했습니다. "정신과의사가 하는 일이란 기본적으로 책임을 회피해도 좋다고 허락하는 거

지." 그의 날카로운 어조 앞에서 나는 미국의 높은 이혼율에 대해 개인적인 책임감을 느꼈습니다. 나는 그에게 부부 상담은 CIA의 대테러 임무와 같다고 설명했어요. 성공했을 때는 전혀 눈에 띄지 않지만 실패했을 때는 확실히 주목받으니까요. 나는 사람들이 결혼 관계를 잘 풀어나가도록 돕는 데 크나큰 자부심을 느낍니다. 치료를 마친 뒤 관계를 끝내기로 결정하는 내담자들은 애초에 학대를 당하는 등 잘 풀릴 수 없는 상황에 놓인 경우가 잦았습니다. 그들은 지금 자신이 처한 관계를 청산해야 비로소 결혼 생활을 잘해 나가는 법을 배울 수 있었습니다.

실전과 이데올로기는 딴판입니다. 우리는 자유의지를 중심으로 삼은 시대에 살고 있습니다. 개인으로서 앞으로 나아가고자 하는 동력이 다들 대단하지요. 각 개인의 정신적 발전을 그 어느 때보다도 중요하게 여깁니다. 사람들은 더 이상 남들이 시킨다고 해서 어떤 행동을 하지 않으며, 자신이 개인적으로 옳다고 느끼는 가치를 바탕으로 살고 싶어 합니다.

내가 사람들에게 결혼 생활을 잘해 나가도록 노력하라고 설득할 수는 없습니다. 내가 할 수 있는 일은 그들이 자신의 힘을 알아차리도록 돕는 것뿐이지요. 그 힘은 아주 분명하고 고유한 자질을 기르는 데서 나옵니다. 이 자질은 역설적으로 관계를 떠날 용기 또한 주고 상실을 빠르게 극복하도록 도와줍니다. 가끔은 그 자질을 개발하는 유일한 방법이 관계를 떠나는 것일 때도 있어요. 이 자질을 가장 잘 설명하는 이름은 '독립'입니다. 그 말인즉 우리가 다른 누구에게도 의존하지 않는 삶과 정체성을 추구한다는 의미입니다.

정서적으로 독립한다는 건 남에게 신경을 쓰지 않거나 남이 필요하지 않다는 뜻이 아닙니다. 오로지 자신 안에서만 찾을 수 있는 무언가를 남에게서 얻으려 들지 않는다는 의미입니다. 정서적 독립이 무엇인지 이해하려면 정서적으로 독립하지 못한 사람들을 살펴보는 게 제일 쉬운 방법입니다. 이혼한 뒤 상실감을 극복하지 못해서 나를 찾아오는 내담자들이 있습니다. 언제 이혼했냐고 물으면 "5년 전이요"라고 답합니다. 이런 일은 하도 흔해서 이제 더는 놀라지 않아요. 사랑하는 사람과 결별하는 것은 크나큰 상실입니다. 그러나 그들의 절망은 기이할 정도로 긴 시간 동안 삶을 완전히 망가뜨리고 있었습니다. 상실에 사로잡힌 내담자들이 잃은 건 이혼한 배우자보다 훨씬 큰 무언가, 즉 그들 자신이었어요. 그들은 정체성을 얻고자 배우자에게 기대고 있었어요. 그러다가 결혼 생활이 끝나버리자 자신이 아무것도 아니라고 느낀 것입니다.

앞서 말했듯이 진정한 정체성을 얻으려면 고통스럽고 두려운 세상에서 끊임없이 앞으로 나아가야 합니다. 앞으로 나아갈 책임은 대단히 막중하기에 그 무게를 잘 다루지 못한 어떤 이들은 자기 정체성을 스스로 쌓지 않고 배우자에게 기대는 쪽을 택해요. 그들은 배우자를 자기 정체성을 구축하는 어려운 일에서 자신을 해방해 줄 마법적 인물로 삼습니다. 자기 삶은 제자리에 그대로 멈추어두고, 불길 주위를 맴도는 불나방처럼 엄연한 타인인 배우자를 나의 중심으로 삼는 것이지요. 가장 해로운 건 이들이 의존성을 진정한 친밀성과 혼동한다는 것입니다. 그들은 마법적 타자를 잃었을 때 그 자리를 다른 사람으로 대체할 수는 없다고 느낍니다. 실제로도 불가능하지요. 애초에 그런 마법적 힘은 누구에게도 없으니까요.

이런 사람이 치료를 시작하면 생애 처음으로 정서적

독립성을 키울 기회를 맞이하게 됩니다. 그들은 보통 치료가 이혼을 극복할 유일한 방법이라는 걸 받아들이고, 혼자 지내고 있으니만큼 기꺼이 노력해요. 치료 중에 그들은 놀라운 발견을 하게 되지요. 지난 이혼을 극복하는 데 필요했던 독립성이 다음 연애의 성공을 담보하는 최고의 수단이라는 것입니다. 그들이 새로 쟁취한 독립성은 그들이 매료하는 사람의 유형, 상대를 평가하는 방식, 상대에게 반응하는 방식을 송두리째 바꾸어놓습니다.

그들에게 이런 변화는 일단 충격으로 다가옵니다. 이 사람들은 여태껏 자신의 독립성을 포기하면서까지 관계를 지키려고 노력했지요. 그런데 의존적인 사람이 관계에서 실제로 어떤 역할을 하는지 한번 면밀히 살펴보세요. 기본적으로 그들은 배우자를 통해 자기 자신을 정의하므로 상대의 반응에 과민합니다. 상대의 반응을 통제하려 애쓰는데, 보통 그 방법은 자신을 스스로 억압하거나 상대에게 너무 많은 걸 요구하거나 때로는 그 둘 사이를 오갑니다. 이 방법이 먹히지 않으면 상처를 입었다고 느끼며 상대에게서 거리를 두거나 상대를 원망하며 공격하지요. 이런 행동은 모두 상대에게서 최악의 부분을 끌어내며 문제를 일으킵니다. 불꽃놀이처럼 뜨거운 관계 속에서 두 사람 사이에 진정한 연결은 거의 이루어지지 않습니다.

사람 사이를 진정으로 연결할 수 있게 하는 건 각자의 독립성입니다. 자기 삶과 정체성을 버젓이 정립한 사람은 배우자에게 덜 민감하게 반응합니다. 배우자와 맺은 관계는 물론 중요하지만 생사가 걸린 문제는 아니니까요. 그 덕분에 두 사람 사이에는 공간이, 일종의 충격 완충재가 생겨나서 설령 갈등이 생기더라도 빠르게 격화되지 않습니다. 진정한 친밀성은 바로 이런 평화로운 공간에서 생겨납니다.

한편 독립성이 있는 사람이 더 매력적이기도 하지요. 자기 삶이 있는 사람만큼 매력적인 사람은 없습니다. 독립성이 우리에게 선사하는 또 다른 한 가지는 명료한 전망입니다. 우리에게 누군가가 절실하게 필요하면, 그 사람 주위에 우리의 희망과 두려움이 안개를 드리워 상대를 제대로 보지 못하게 합니다. 그 까닭에 많은 사람이 악몽에서 깨어나듯 나쁜 관계의 한복판에서 정신을 차리고 어쩌다가 이 지경에 이르렀는지 자문하게 되지요. 독립적인 사람이 된다는 건 뿌연 안경알을 닦는 것과 같습니다. 갑자기 세상을 볼 수 있게 된 것이지요. 바야흐로 자신과 결혼 생활을 잘해나갈 현실적인 가능성이 있는 사람을 선택할 준비가 된 거예요.

문제는 많은 이가 자기 정체성을 어떻게 키워야 하는지 전혀 모른다는 것입니다. 화내거나 반항하거나 배우자를 과도하게 비판한다고 해서 독립적인 건 아니에요. 이것들은 여전히 상대를 중심에 둔 반응입니다. 정서적 독립을 하려면 성찰과 노력이 필요합니다.

부정적 감정 다루기

의존적인 사람은 자신의 고통을 처리할 계획이 없습니다. 유쾌하지 않은 감정을 느끼는 순간 그 감정을 없애달라며 배우자만 바라보고 있을 뿐이지요. 그런 관계에서 상대는 지나친 힘을 쥐게 됩니다. 자연히 배우자에게 의존하는 사람은 관계가 원활할 때조차도 상대 앞에서 어린아이처럼 약해진 기분이 들게 됩니다. 독립성이란 외로움, 마음의 상처, 무기력, 두려움을 혼자 힘으로 다룰 수 있다는 뜻입니다. 남들에게 도움을 청해서는 안 된다는 뜻은 아니에요. 정확히 말하자면 남들에게 도움을 청하기 전에 제일 먼저 자기 자신에게 도움을 청해야 한다는 뜻입니다. 나쁜 감정을 무작정 배우자에게 쓰레기 더미처럼 내던지는 것과 먼저 자기 감정을 스스로 통제하려고 시도한 다음 상대에게 지원을 부탁하는 건 하늘과 땅만큼 달라요. 전자는 분노를 일으키지만 후자는 존중을 불러옵니다.

사람들이 나쁜 관계에 머무르는 이유를 한 가지 들자면 이별에서 오는 고통을 두려워하기 때문입니다. 이별의 고통을 마주하는 건 물론 두려운 일입니다. 하지만 그것이 정서적 독립으로 나아가는 중요한 발걸음임을 알아야 합니다. 이별의 고통을 다독이는 비결은 고통이 파도처럼 온다는 사실을 기억하는 데 있어요. 고통이 정점에 달하는 순간에는 금방이라도 세상이 끝날 듯 느껴질 것입니다. 하지만 이 순간은 오래가지 않는다는 사실을 기억하세요. 그러면 가장 막막한 순간에도 시야를 넓게 확보하는 법을 배울 수 있습니다. 이 기술은 익혀두면 평생 도움이 됩니다.

고통스러운 순간에 떠오르는 생각은 대개 실제로 일어나는 일을 정확하게 그려내지 못합니다. 다시는 누군가와 함께하지 못하리라는 생각은 사실이 아닙니다. 모두 자기 잘못이었다는 생각도, 자신만 노력하면 끝나버린 관계를 복구할 수 있으리라는 생각도, 전부 시간 낭비였다는 생각도 모두 사실이 아닙니다. 그런 생각에 빠져드는 건 지극히 정상이지만 그대로 방치하면 그런 생각이 우리의 발목을 잡지요. 그 생각에 이름을 붙이고, 떠오르는 순간 바로 멈추세요. 행동을 억제하는 것 역시 관계를 끝내고, 이어서 끝나버린 관계를 극복하는 데 반드시 필요합니다. 그러려면 규율을 따르며 이별에 대처해야 합니다.

개인적 습관 관리하기

매일 일상생활을 규율에 따라 살아가면 관계가 끝나더라도 그 자리를 지키는, 보이지 않는 구조가 생기게 됩니다. 여기에는 먹고, 자고, 운동하고, 혼자 시간을 보내는 등 개인적 습관이 들어갑니다. 우리가 평소 꺼리던 것에 다가가는 행동도 그 일상의 일부로 추가할 수 있어요. 일상적 습관은 다른 누구도 아닌 우리 자신에게 의존하므로 타인에게서 벗어나 독립적 정체성을 일굴 기반이 됩니다. 독립성이 부족한 사람은 누군가와 연애를 시작하면 곧바로 원래 있던 희미한 구조조차 빠르게 내팽개치는 경향이 있지요. 이것은 나쁜 신호입니다. 일상의 구조를 유지하는 가장 좋은 방법은 매일 저녁 하루를 반성하는 시간을 갖는 것입니다. 단 2분이면 충분합니다. 그날 하루 동안 해야 하는데 피한 일이 있는지 생각해 보고, 이튿날 어떤 일을 할지 스스로와 약속하세요. 알고 보면 규율은 시간과 맺은 생산적 관계라고 할 수 있지요. 우리에게는 규율을 잃어버릴 여유가 없습니다.

바깥에 관한 관심 키우기

의존적인 사람은 무의식적으로 애정 관계와 무관한 관심사를 전부 포기하려 듭니다. 배우자를 세상에서 자신을 지켜줄 마법적 인물로 보는 관점에서 비롯한 습관이지요. 그러나 진정한 정체성을 확립한다는 건 자기 스스로 인생이 나아가게 만든다는 뜻입니다. 그런데 나아가는 계기와 동력은 결혼 생활 바깥에서도 일어나지요. 우정, 봉사활동, 취미, 예술 작업에서도 앞으로 나아갈 수 있습니다. 배우자는 우리에게 중요한 것이 자신과 관계없을지라도 지원해 주어야 합니다. 만일 상대가 우리에게 이런 관심사를 포기하라고 요구한다면 그 관계는 틀림없이 난항을 겪을 것입니다.

마찬가지로 인생에서 행동을 통해 앞으로 나아가는 건 이미 끝장난 관계의 상대방과 다시 연결되는 일을 막는 데도 매우 중요합니다.

정서적으로 독립한다는 건 자기에게 도취하는 것과는 정반대입니다. 정서적 독립은 규율을 세우고 나보다 더 큰 것에 굴종하기를 요구합니다. 이를 위해 노력한다면 얽매여 있던 과거를 극복하고, 좋은 배우자를 선택하고, 그와 안정적이고 오래가는 관계를 맺을 힘을 키울 수 있습니다.

감당하는 것이 아니라
사랑하기 위하여

● 　　　　표현 그대로 자기 아버지 때문에 아픈 여
자가 내담자로 나를 찾아왔습니다. 이혼한 그는 아들을
멀리 있는 대학에 보내고 나서 작은 아파트에서 혼자 살
고 있었지요. 그의 아버지는 완벽하게 건강했지만 70세가
되었을 때 나이에 더는 스스로를 돌볼 수 없다고 결론을
내렸어요. 아버지가 찾은 해법은 간단했어요. 딸네 집으
로 들어가 사는 것이었지요. 멋대로 그렇게 결정을 내린
아버지는 미리 통보하지도 않고 딸네 집을 찾아오기 시

작했지요. 딸이 퇴근하고 집에 돌아오면 아버지가 거실 소파에서 잠들어 있었습니다. 오래지 않아 아버지는 아예 딸의 집에서 지내기 시작했어요. 아버지는 친구나 다른 가족과는 대화가 끊긴 지 오래되어서 자연히 딸을 자기 세상의 중심에 두게 되었습니다. 딸이 밤이나 주말에 외출하면 아버지는 버림받은 아이처럼 비죽거렸어요. 그렇게 몇 주가 흐르는 동안 아버지는 더욱 어린아이가 되었습니다. 스스로 식사를 차리거나 자기 위생을 돌보지 않았고, 집을 보러 다니거나 집세를 내는 일도 없었지요. 처음에 딸은 아버지를 동정했어요. 아버지는 10년 전에 우울증에 걸려 약물의 도움을 받은 일이 있었거든요. 그래서 딸은 아버지에게 자기 집 근처에 (그가 쉽게 집세를 낼수 있는) 아파트를 얻어주고 정신과 진료를 받게 해주겠다고 권유했습니다. 아버지는 거절했어요. 그는 자신을 내팽개친 채 딸네 집 소파에 웅크리고 있고만 싶었던 것입니다. 이 남자는 딸의 아파트를 차지했을 뿐 아니라 딸의 인생마저 차지해 버린 것이죠.

딸은 차츰 아버지를 싫어하게 되었습니다. 이것은 자연스러운 반응이었으나 그의 마음은 대단히 불편해졌어요. "집에 오면 형편없이 흐트러진 사람이 내 소파에 앉아 있어요. 침실로 들어가 문을 잠그고 싶은 마음뿐이죠. 그쪽은 쳐다보기도 싫어요." 하지만 딸은 화가 머리끝까지 치솟을 때조차 아버지의 수동적 저항 앞에서 무력해졌지요. 상사에게 맞서는 건 어렵지 않았지만 가족 앞에서는 마음이 물러졌어요. 이렇듯 냉랭하게 몇 달을 보낸 딸은 건강을 잃기 시작했습니다. 시작은 대장염 발병이었는데 딸은 이를 소화불량이라며 가볍게 치부했어요. 하지만 머리카락이 뭉텅이로 빠지기 시작하자 자신에게 문제가 생겼다는 걸 인정할 수밖에 없었어요. 그런데도 내가 처음 내담자를 만났을 때 그가 제일 먼저 물은 건 아버지를 도울 방법이었습니다. 나는 일단 아버지를 돕는 건 잊으라고 권했습니다. 그는 다른 것보다 자기 안의 문제를 먼저 다루어야 했어요. 그 문제란 죄책감이었습니다.

그 내담자의 부모님은 둘 다 이민자로서 미국에 왔고 처음 몇 년 동안 갖은 고생을 했습니다. 그들의 네 자녀는 가족에 절대적으로 충성하라는 가르침을 받았으며, 믿을 수 있는 건 가족뿐이라는 말을 듣고 자랐지요. 가족, 그 중에서도 부모의 기대를 충족하지 못하는 것이야말로 가장 큰 죄였습니다. 내담자는 이런 가르침이 극단적이라는 걸 알았고, 자기 아들은 그렇게 가르치지 않았어요. 하지만 아버지 앞에서는 익숙한 가르침에서 벗어날 수 없었습니다. '나쁜 딸'이 된다는 묵직한 죄책감을 피하고자 아버지가 요구하는 건 무엇이든 들어주었어요. 어머니가 세상을 떠나자 아버지가 딸에게 거는 기대는 걷잡을 수 없는 지경에 이르렀습니다. 그렇게 내담자는 덫에 빠져버렸습니다. 아버지의 요구사항을 들어주자니 화가 났고, 거절하자니 죄책감에 짓눌렸지요.

"어떻게 하면 이 죄책감을 없앨 수 있을까요?" 그가 물었어요. 나는 죄책감을 없애긴 힘들다고, 적어도 당장은 불가능하다고 설명했습니다. 하지만 그보다 중요한 일은 가능했습니다. 죄책감에 대한 **반응**은 바꿀 수 있었거든요. 대부분이 그러듯 가족 일로 죄책감을 느낄 때 그는 자신이 무언가 잘못한 거라고 짐작했어요. 그러니 가족의 요구 앞에서 무너졌고, 고통스러운 죄책감에서 벗어나려고 어쩔 수 없이 요구를 들어주었지요. 그가 자신을 치유하려면 디뎌야 하는 첫 발짝은 죄책감을 느끼더라도 무너지지 않는 거였어요. 다시 말해 죄책감을 그저 견디면서 아무것도 하지 않는 겁니다. 그 상태에 이르려면 먼저 죄책감의 의미부터 바꾸어야 했습니다. 죄책감을 느끼는 게 자신이 무언가 잘못했다는 뜻이라고 생각하는 대신 오히려 자신이 올바른 일을 했다는 신호라고 여기는 법을 배워야 했지요.

나는 내담자에게 어째서 자기 아들은 부모님과 같은 방식으로 가르치지 않았는지 물었어요. "아이가 저를 벗어나길 바라거든요. 그 애가 독립적인 사람으로 자라났으면 좋겠어요." 그의 아들이 그와 같은 부모를 둔 건 행운이었습니다. 그는 아들에게 개인성이라는 최고의 선물을 주었으니까요.

개체화는 한 사람이 성장하고 원가족에서 분리되는 과정입니다. 그러나 많은 경우 가족은 이 과정에 저항해요. 부모는 아이가 한 개인으로서 독립하도록 허락하면 더는 가족을 사랑하고 가족에 기여하는 구성원이 되지 않을까 봐 두려워합니다. 그래서 엄격한 기준을 세우고 그것을 위반하면 죄책감을 느끼도록 아이를 길들이지요. 이런 환경에서 자라난 사람들에게 죄책감이란 부모의 기대를 거부하고 무엇이 옳은지 스스로 정의할 용기를 냈다는 의미입니다. 죄책감을 느낀다는 건 그들이 진정으로 자기 자신이 되어간다는 뜻이에요.

죄책감처럼 고통스러운 감정에도 긍정적인 가치가 있을 수 있습니다. 사실 고통은 실패가 아니라 오히려 발전을 의미하기도 하지요. 헬스장에 가보았다면 누구나 몸으로 경험한 적이 있을 거예요. 운동하는 동안 근육은 아프지만 그 통증이 우리를 더 강하게 한다는 걸 알기에 우리는 고통에 긍정적 가치를 부여하지요. 그러나 진정으로 자기 자신이려고 할 때 느끼는 죄책감만 있는 것은 아닙니다. 자신의 행동 기준을 위반했을 때 생기는 죄책감도 있습니다. 남들의 기대가 아니라 우리 자신이 가진 올바름의 잣대에 비추어 잘못을 저질렀을 때 느끼지요. 이런 유형의 죄책감은 보통 '양심의 가책'이라고 부릅니다. 역설적이게도 개체화에 성공하기 전까지 우리에게는 자신만의 기준이 제대로 존재하지 않습니다.

죄책감을 보는 새로운 관점을 장착한 내담자는 아버지의 요구사항을 거부하기 시작했습니다. 그때 생겨나는 죄책감을 즉각 반대 신호로 해석하는 법을 배웠기에 처음으로 자기 뜻을 지켜낼 수 있었지요. 개체화 과정을 거치면서 가족의 요구를 거절하는 법을 익혀나가는 사람은 대부분 자신이 가족에게 냉담해지거나 가족을 돌보지 않게 될까 봐 겁냅니다. 가족에게서 독립해 나오면 그들과의 연결이 끊어지리라고 짐작하기도 하고요. 이는 사실과 거리가 멉니다.

개체화된 사람은 감정적으로 자유롭습니다. 누군가의 요구에 저항하는 동시에 그 요구를 상대방을 사랑하기로 마음먹을 수 있다는 뜻이지요. 그는 분리되었으나 여전히 연결되어 있습니다. 동시에 두 가지 에너지를 보내고 있지요. 그 두 가지 에너지란 우주의 기본적인 에너지로서 하나는 우리를 개인으로서 남들과 분리해 주는 에너지이고, 다른 하나는 개인들이 모인 우리를 하나로 연결해 주는 에너지입니다. 한 번에 두 가지를 할 수 있는 감정적 능력이 바로 개체화의 정의이지요. 개체화를 이루지 못한 사람에게 있어 모든 상호작용은 흑백논리를 따릅니다. 수동적으로 굴종하거나 죽을 때까지 맞서 싸워야 하는 것이지요. 흑백논리에 바탕을 둔 상호작용은 가족 내에서 일어나는 감정적·신체적 폭력의 원천입니다.

두 가지 에너지를 한 번에 사용하는 비결은 감정적으로 상황을 주도하는 데 있습니다. 거절해야 할 때마다, 특히 가까운 사람의 요구를 거절해야 할 때마다 그 사람에게 먼저 적극적으로 다가감으로써 균형을 잡으세요. 말투에 유의하고, 살갑게 보듬어주고, 시간을 내어 자기 뜻을 설명하세요(단, 상대의 허가를 구하는 방식이어서는 안 됩니다). 상대에게 사랑을 표현한다고 해서 우리가 그들 눈에 약해 보이는 건 아닙니다. 우리에게 상대와의 연결을 끊지 않고 관계를 지속해 나갈 의지가 있다는 느낌이 전달되면 상대는 설령 우리가 취하는 태도가 마음에 들지 않더라도 우리를 강한 사람으로 볼 것입니다.

그 내담자는 아버지와의 관계에서 내가 조언한 대로 실천했습니다. 매일 끼니를 차려주는 일을 그만두었어요. 아버지도 혼자 쉽게 할 수 있는 일이었지요. 그 대신에 문을 쾅 닫고 자기 방에 들어가 지내는 것도 그만두었지요. 딸은 자기 저녁을 차리고 먹는 동안 아버지에게 말을 걸었습니다. 놀랍게도 아버지는 딸의 시간과 공간을 더 존중해 주기 시작했어요. 다른 영역에서도 이런 태도를 고수하자 한 달 만에 아버지는 자기 아파트를 얻어서 독립해 나갔습니다. 딸이 개체화하는 모습을 보고 아버지도 이렇게 머무를 수 없다는 사실을 깨달은 것이지요.

개인으로서 독립성을 키우는 건 결국 가족에게 도움이 됩니다. 생각해 보면 사리에 맞아요. 자신답게 살아갈 때 우리는 가족과 진정으로 연결될 수 있습니다. 우리가 남에게 주는 행위는 자유의지로 움직일 때만 지속적인 가치가 있습니다. 현대의 가족은 그 구성원이 자유롭게 개인으로 살아가면서도 서로 연결될 수 있는 구조로 진화해 왔습니다. 그러지 않는다면 가족이라는 단위는 지금보다도 더 산산이 조각날 거예요.

가장 높은 차원에서 보자면 이 모든 게 우리가 정신적으로 진화했다는 표현입니다. 심원한 진화의 과정을 지나치게 단순화할 위험을 무릅쓰고 설명하자면 진화에는 3단계가 있습니다. 1단계에서 인류는 하나인 전체를 이루되 자신을 개인으로 인식하는 사람은 없지요. 이것이 성경에서 에덴동산이라고 말하는 상태입니다. 2단계에서 집단을 이루던 유기체는 개인으로 분리되어 나뉘고, 각 개인은 자신을 개인으로 인식하되 다른 인간들과의 연결은 끊어집니다. 이것이 에덴동산에서 쫓겨난 인간의 모습이지요. 오늘날 공동체, 기관, 가족 등 사회제도가 약화하는 데서 이를 엿볼 수 있습니다. 우리는 서로 단절된 초개인의 집단으로 환원되어 버린 겁니다. 마지막 3단계는 아직 오지 않았습니다. 결국 우리는 우리의 개인성을 유지하되 하나의 가족으로서 다시 한데 모일 것입니다. 내 생각에는 이것이 진화의 목표입니다. 모든 사람이 자신의 분리성과 연결성을 동시에 인식하는 것 말입니다. 우리가 가족에게서 개체화하고자 할 때도 똑같이 반대되는 두 가지 힘이 작용합니다. 그러니 이런 노력은 진화의 목표를 위해 한 발짝 다가가는 일이라고도 할 수 있을 겁니다.

똑같은 과정이 국가 차원의 진화에서도 펼쳐지고 있어요. 지금 우리는 전례 없고 복잡한 난관을 수없이 마주치고 있습니다. 우리에게는 수동적으로 굴 여유가 없습니다. 그랬다가는 자기 아버지에게 아파트를 내준 여자의 신세가 되고 말 테니까요. 하지만 한편으로 우리는 세상이라는 '가족' 전체에 손을 내밀지 않고서는 지정학적 문제를 비롯해 수많은 문제를 극복할 수 없습니다. 이것이 우리가 설령 동의하지 않을지라도 타인의 관점을 존중해야 하는 이유이지요. 자신을 가족에게서 분리해 나가는 사람처럼, 우리는 상황을 주도하는 동시에 더욱 포용하는 태도를 보여야 합니다. 그럼으로써 세상의 나머지 사람들에게 영감을 주게 되지요. 양극단에 선 사람들은 이런 방법에 만족하지 못할 것입니다. 하지만 우리의 내면이 마주한 고난에는 해법이 될 수 있습니다. 어쩌면 우리의 생존마저도 여기에 달려 있을지 모릅니다.

감사의 말

그동안 나만큼이나 이 책에 열정을 보인 재능 있는 사람들의 응원을 받을 수 있어 축복이었습니다. 그들 한 사람 한 사람이 이 책이 완성되는 데 중요한 역할을 했어요. 배리 미첼스. 제이미 로즈, 앨리샤 웰스, 줄리아 스터츠, 알린 가르시아, 마리셀라 히메네스, 사라이 히메네스, 크리스탄 사전트, 벤 그린버그, 제니퍼 조엘에게 감사합니다.

옮긴이 박다솜

서울대학교 언어학과를 졸업했다. 책 『필 스터츠의 내면강화』, 『요즘 애들』, 『이토록 지적인 산책』, 『사무실의 도른자들』, 『과부하 인간』, 『우리가 결정한 행복』, 『매일, 단어를 만들고 있습니다』, 『죽은 숙녀들의 사회』, 『스피닝』, 『애도 클럽』 등을 번역했다.

필 스터츠의 내면강화

초판 1쇄 인쇄 2025년 3월 21일
초판 3쇄 발행 2025년 4월 23일

지은이 필 스터츠
옮긴이 박다솜
펴낸이 김선식

부사장 김은영
콘텐츠사업본부장 임보윤
기획편집 김한솔 **디자인** 권예진 **책임마케터** 양지환
콘텐츠사업3팀장 이승환 **콘텐츠사업3팀** 김한솔, 권예진, 곽세라
마케팅2팀 이고은, 양지환, 지석배
미디어홍보본부장 정명찬
브랜드홍보팀 오수미, 서가을, 김은지, 이소영, 박장미, 박주현 **채널홍보팀** 김민정, 정세림, 고나연, 변승주, 홍수경
영상홍보팀 이수인, 염아라, 석찬미, 김혜원, 이지연
편집관리팀 조세현, 김호주, 백설희 **저작권팀** 성민경, 이슬, 윤제희
재무관리팀 하미선, 임혜정, 이슬기, 김주영, 오지수
인사총무팀 강미숙, 이정환, 김혜진, 황종원
제작관리팀 이소현, 김소영, 김진경, 이지우, 황인우
물류관리팀 김형기, 김선진, 주정훈, 양문현, 채원석, 박재연, 이준희, 이민운
외부스태프 본문 디자인 studio forb **교정** 김계영

펴낸곳 다산북스 **출판등록** 2005년 12월 23일 제313-2005-00277호
주소 경기도 파주시 회동길 490 **전화** 02-704-1724 **팩스** 02-703-2219
이메일 dasanbooks@dasanbooks.com **홈페이지** dasan.group **블로그** blog.naver.com/dasan_books
종이 스마일몬스터피앤엠 **인쇄** 민언프린텍 **코팅·후가공** 평창피앤지 **제본** 국일문화사

ISBN 979-11-306-6493-4 (03190)